Mariana C.

Vindecarea rănilor emoționale în relații

Psihologia relatiilor
Dezvoltare personala

2024

Mariana C.

De la acelaș autor:

1 ,, Armonia in cuplu " - explorează diverse aspecte ale relațiilor umane, de la comunicare și empatie, la rezolvarea conflictelor și construirea unei relații de cuplu sănătoase și echilibrate.

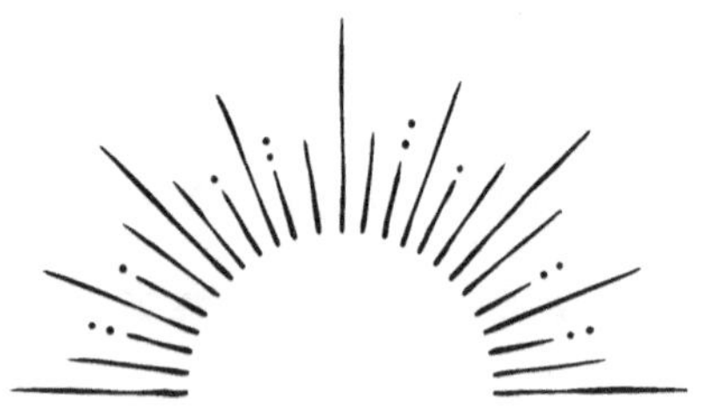

Mariana C.

"O relație fericită nu este cea în care totul este perfect, ci cea în care ambii parteneri înțeleg că imperfecțiunile celuilalt fac parte din frumusețea lor comună."

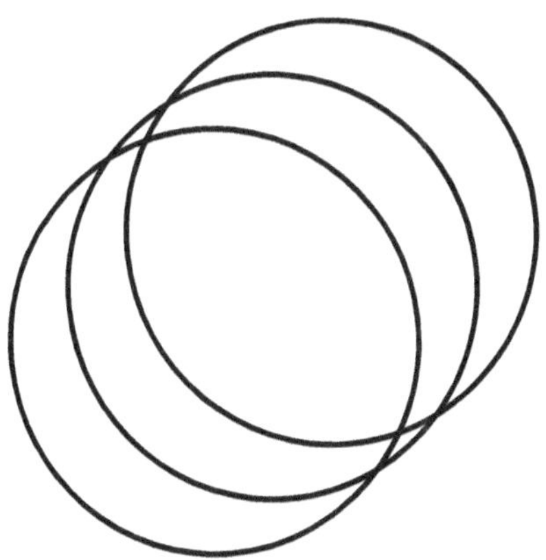

„Vindecarea rănilor emoționale în relații "este o carte profundă și captivantă scrisă de Mariana C. ,care explorează complexitatea relațiilor interpersonale și impactul pe care trecutul emoțional îl poate avea asupra lor.

În paginile acestei cărți, cititorii sunt invitați să exploreze diferite aspecte ale relațiilor umane și să înțeleagă cum trecutul emoțional poate influența dinamica unei relații.

Mariana C. oferă cititorilor instrumentele necesare pentru a recunoaște și vindeca rănile emoționale care pot afecta relațiile lor, ajutându-i să-și construiască relații mai sănătoase:

Cu ajutorul exercițiilor practice, cititorii sunt încurajați să-și exploreze propriul trecut emoțional și să-și înțeleagă emoțiile și reacțiile în cadrul relațiilor lor. Cartea oferă sfaturi și strategii eficiente pentru a depăși traumele emoționale și pentru a găsi vindecarea și împăcarea în relațiile interpersonale.

„Vindecarea rănilor emoționale în relații "este o lectură indispensabilă pentru oricine dorește să-și înțeleagă mai bine emoțiile și să-și construiască relații autentice și împlinite. Mariana C. oferă o perspectivă profundă și inspirațională asupra modului în care putem vindeca rănile trecutului și să ne deschidem inima către iubire și conexiune.

Mariana C.

Capitolul 1: Introducere
Definirea și identificarea rănilor emoționale.
Impactul pe care acestea îl pot avea în relațiile noastre de
cuplu.

Capitolul 2: Cauzele rănilor emoționale în relații
Factori care pot contribui la apariția și exacerbarea
rănilor emoționale.
Cum ne putem identifica propriile răni emoționale.

Capitolul 3: Recunoașterea și conștientizarea rănilor
emoționale.
 Importanța înțelegerii și acceptării rănilor noastre
emoționale.
Cum putem recunoaște și conștientiza rănile emoționale
ale partenerului nostru.

Capitolul 4: Explorarea rănilor noastre emoționale.
Cum putem săpăm adânc în propriile noastre răni
emoționale
Terapii și tehnici pentru a explora și înțelege rănile
noastre emoționale.

Capitolul 5: Impactul rănilor emoționale asupra relațiilor
noastre in cuplu.
Cum rănile noastre emoționale pot afecta relația cu
partenerul nostru.
Cum putem lucra împreună pentru a gestiona și vindeca
aceste răni.

Capitolul 6: Cum ne putem vindeca rănile emoționale
Strategii și tehnici pentru a vindeca rănile emoționale în relații.
Cum să începem procesul de vindecare și reconciliere cu propriile noastre răni.

Capitolul 7: Iertarea și eliberarea vindecării
Importanța iertării în procesul de vindecare a rănilor emoționale
Cum putem să ne eliberăm de durerile și resentimentele trecute pentru a ne vindeca relația.

Capitolul 8: Construirea unei relații sănătoase după vindecarea rănilor emoționale.
 Cum putem construi o relație mai puternică și mai sănătoasă după vindecarea rănilor emoționale.
Cum putem comunica eficient și împărtăși nevoile și dorințele noastre într-un mod sănătos.

Capitolul 9: Gestionarea provocărilor și conflictelor în relații.
Cum putem gestiona provocările și conflictele care pot apărea după vindecarea rănilor emoționale.
Tehnici și strategii pentru a depăși obstacolele într-o relație sănătoasă.

Capitolul 10: Întreținerea și menținerea unei relații de cuplu sănătoase.
 Cum putem continua să lucram în mod constant în relația noastră de cuplu pentru a menține legătura și intimitatea.
 Cum putem împărtăși bucuriile și succesele noastre într-un mod sănătos și susținător.

Capitolul 11: Împărtășirea învățămintelor și experiențelor noastre.
 Cum putem împărtăși cunoștințele și experiențele noastre cu alții pentru a-i ajuta să-și vindece propriile răni emoționale.
 Rolul nostru în sprijinirea și încurajarea celor dragi în procesul lor de vindecare.

Capitolul 12: Concluzie și învățăminte finale privind vindecarea ranilor emotionale in relaia de cuplu.
 Recapitularea principalelor concepte și învățăminte din cartea noastră,vindecarea ranilor emotionale in relaia de cuplu.
 Sfaturi și sugestii pentru a continua să lucrăm în mod constant la vindecarea și întreținerea relației de cuplu sănătoase.

Capitolul 1

Introducere,

Definirea și identificarea rănilor emoționale.
Impactul pe care acestea îl pot avea în relațiile
noastre de cuplu

Psihologia relațiilor studiază modul în care indivizii interacționează, comunică și se înțeleg unul pe celălalt într-un context social. Această ramură a psihologiei examinează felul în care persoanele formează și mențin relații interpersonale, precum și factorii care influențează calitatea acestor relații.

Psihologia relațiilor se concentrează pe aspecte precum atașamentul, comunicarea, conflictul și rezolvarea problemelor în relații. Aceasta explorează, de asemenea, modul în care trecutul individual al unei persoane, precum și experiențele sale din relațiile anterioare, pot influența comportamentul și interacțiunile sale actuale.

În plus, psihologia relațiilor examinează diferite tipuri de relații, cum ar fi cele romantice, de prietenie, familiale și de muncă. Această disciplină are ca scop înțelegerea motivelor și dinamicii care stau la baza relațiilor interpersonale și dezvoltarea unor strategii eficiente pentru îmbunătățirea acestora.

Psihologia relațiilor se ocupă cu studiul interacțiunilor dintre indivizi, grupuri sau societăți în contextul relațiilor interpersonale. Aceasta implică înțelegerea emoțiilor, gândurilor și comportamentelor care stau la baza relațiilor interpersonale și impactul lor asupra individului și celor din jurul său.

Este important de menționat că psihologia relațiilor nu se referă doar la relațiile romantice, ci acoperă o gamă largă de interacțiuni interpersonale, incluzând relațiile de prietenie, de familie, de colegialitate sau între membrii unei comunități.

Prin înțelegerea aspectelor psihologice ale relațiilor interpersonale, putem îmbunătăți comunicarea, consolida încrederea și intimitatea în relațiile noastre și gestiona mai eficient conflictele care pot apărea. De asemenea, psihologia relațiilor poate ajuta la identificarea și corectarea unor modele sau comportamente nocive care afectează relațiile noastre și să ne ajute să construim relații mai sănătoase și satisfăcătoare.

Definirea rănilor emoționale.

Rănile emoționale sunt consecințele negative ale traumelor, abandonului, neglijării sau altor experiențe dureroase din trecut care au afectat profund starea emoțională și psihologică a unei persoane. Aceste răni pot fi adânci și pot provoca anxietate, depresie, stres, probleme de încredere în sine sau în ceilalți și alte dificultăți legate de relaționarea și funcționarea în societate.

Este important să recunoaștem și să tratăm aceste răni emoționale pentru a putea vindeca și a ne reconstrui o sănătate emoțională și mentală mai puternică.

Rănile emoționale sunt experiențe dureroase sau traume psihologice care afectează starea emoțională și psihică a unei persoane. Acestea pot fi rezultatul unor evenimente traumatice, abuzuri, neglijențe, pierderi sau relații toxice din trecut. Rănile emoționale pot persista și afecta modul în care o persoană se simte, gândește și interacționează cu cei din jur.

Aceste răni pot fi de natură emoțională, cum ar fi sentimente de tristețe, anxietate, vinovăție, rușine sau furie, sau pot afecta încrederea în sine, stima de sine și capacitatea de a forma legături sănătoase cu alți oameni. Ele pot provoca suferință și disconfort emoțional și pot influența comportamentele și deciziile unei persoane.

Pentru a vindeca rănile emoționale, este important să conștientizăm și să identificăm sursele acestora, să lucrăm cu un terapeut sau consilier pentru a le explora și a le gestiona și să învățăm tehnici de auto-îngrijire și de dezvoltare personală. Prin confruntarea și vindecarea rănilor emoționale, o persoană poate ajunge la o mai mare conștientizare și înțelegere a sinelui și poate să-și redobândească echilibrul emoțional și să-și îmbunătățească relațiile interpersonale.

Rănile emoționale pot fi identificate prin diverse simptome și comportamente. Persoanele care au suferit astfel de traume pot prezenta simptome precum anxietate, depresie, insomnie, izolare, sentimente de vinovăție sau rușine, autodistructivitate, tendințe de fugă sau evitare a anumitor situații sau persoane.

Aceste răni emoționale pot fi cauzate de diverse experiențe din trecut, cum ar fi abuzul emoțional sau fizic, neglijarea, abandonul, pierderea unei persoane dragi, sau traumele din copilărie. Ele pot afecta relațiile cu ceilalți și capacitatea de a încredere în sine sau în alții.

Pentru a depăși aceste răni emoționale, este important să ne confruntăm cu ele și să lucrăm asupra lor.

Terapia psihologică este un mod eficient de a gestiona și vindeca aceste răni, oferind un spațiu sigur pentru a explora și înțelege cauzele și consecințele acestor traume.

Este esențial să acordăm importanță sănătății noastre emoționale și să nu neglijăm aceste răni, deoarece ele pot avea un impact semnificativ asupra calității vieții noastre și a relațiilor noastre cu ceilalți. Prin confruntarea și vindecarea acestor răni, putem să ne reconstruim încrederea în sine și să avem relații mai sănătoase și fericite.

Rănile emoționale pot fi mai dificil de identificat decât rănile fizice, deoarece ele nu sunt vizibile și pot fi ascunse în adâncul sufletului. Cu toate acestea, există câteva semne care ar putea indica prezența unei răni emoționale:

1. Sentimente intense de durere, tristețe sau singurătate care nu dispar în timp.
2. Dificultatea de a forma sau menține relații sănătoase.
3. Anxietate sau depresie persistentă.
4. Schimbări de dispoziție frecvente sau oscilații emoționale.
5. Auto-sabotaj sau autodistrugere.
6. Furie necontrolată sau resentimente față de ceilalți.
7. Lipsa încrederii în sine și în alții.
8. Izolare socială și evitarea interacțiunilor cu ceilalți.
9. Dificultate în gestionarea emoțiilor și a stresului.
10. Comportamente autodistructive sau dependențe de substanțe.
Este important să-ți pui în primul rând sănătatea mentală și să fii atent la aceste semne pentru a identifica și trata potențialele răni emoționale înainte ca acestea să devină mai grave.

Caută ajutor de la un terapeut sau consilier dacă simți că ai nevoie de sprijin în vindecarea rănilor interioare. Amintă-ți că este perfect normal să ai răni emoționale și nu este ceva de rușine. Vindecarea acestora este un proces pe care mulți oameni l-au parcurs cu succes și te va face să devii mai puternic și mai înțelept.

Rănile emoționale pot fi identificate prin următoarele semne și simptome:

1. Tristețe persistentă sau depresie.
2. Sentimente puternice de vinovăție sau rușine.
3. Lipsa de încredere în sine și autoestimă scăzută.
4. Teamă constantă sau anxietate.
5. Izolare socială și dificultăți în relațiile interpersonale.
6. Comportamente autodistructive sau dependențe (alcool, droguri, jocuri de noroc, mâncare etc.).
7. Tulburări de alimentație și probleme de somn.
8. Gânduri suicidare sau auto-vătămătoare.
9. Dificultăți în gestionarea stresului și emoțiilor puternice.
10. Repetarea unor tipare nesănătoase de comportament sau relații toxice.

Este important să acorzi atenție acestor semne și să ceri ajutorul unui specialist în sănătate mentală pentru a-ți vindeca rănile emoționale și a-ți recăpăta starea de bine și echilibrul emoțional.

Ranile emotionale pot avea un impact semnificativ asupra unei relatii de cuplu, punand la incercare legatura dintre cei doi parteneri si afectandu-le in mod direct comunicarea, increderea si conexiunea emotionala.

Atunci cand unul sau ambii parteneri sufera de raniri emotionale netratate, pot aparea conflicte repetate, lipsa de intelegere reciproca si distanta emotionala. Acestea pot duce la o deteriorare treptata a relatiei, punand in pericol sentimentele de iubire si conectare intre cei doi parteneri.

Ranile emotionale pot proveni din experiente traumtice din trecut, din relatiile anterioare sau chiar din relatie curenta. Ele pot fi cauzate de abuz verbal, infidelitate, secretul, minciuna sau lipsa de sprijin emotional din partea partenerului.

Pentru a depasi ranile emotionale in relatia de cuplu, este important ca cei doi parteneri sa comunice deschis si sincer despre sentimentele si problemele lor, sa fie empatici si sa isi arate sustinerea reciproc. De asemenea, terapia de cuplu poate fi o solutie eficienta pentru a identifica si trata ranile emotionale si pentru a reconstrui legatura si increderea intre parteneri.
Este important ca ambii parteneri sa isi recunoasca si sa isi asume responsabilitatea pentru ranile emotionale, sa isi exprime nevoile si sa lucreze impreuna pentru a gasi solutii si a se vindeca reciproc. Prin comunicare deschisa, vulnerabilitate si sustinere reciproca, cei doi pot depasi ranile emotionale si pot construi o relatie de cuplu sanatoasa, bazata pe respect, intelegere si iubire.

Ranile emotionale pot avea un impact semnificativ asupra relatiei de cuplu, ducand la deteriorarea increderii, comunicarii deficitare si conflictelor in crestere. Aceste rani pot aparea din diferite motive, cum ar fi tradari, minciuni, lipsa de sprijin emotional sau neglijare. Cand una sau ambele persoane din cuplu sufera de rani emotionale netratate, acestea pot influenta comportamentul si interactiunile lor intr-un mod negativ.

De exemplu, daca unul dintre parteneri are o rana emotionala din trecut legata de o tradare, el sau ea poate deveni gelos si posesiv, avand tendinta de a-si controla partenerul si de a cauta constant dovezi de loialitate. Acest comportament poate duce la tensiuni in cuplu si la sentimente de sufocare sau insecuritate pentru celalalt partener.

Pe de alta parte, daca unul dintre parteneri are o rana emotionala legata de lipsa de sprijin emotional sau nevoia de a fi ascultat si inteles, acesta poate simti ca nu este apreciat sau iubit in relatia lor. Acest sentiment de respingere sau neglijare poate duce la distantare emotionala si la probleme de comunicare, deoarece partenerul poate refuza sa-si exprime nevoile si emotiile, temandu-se de respingerea sau neglijarea lor.

In plus, ranile emotionale din trecut pot influenta modul in care o persoana percepe si reactioneaza la situatiile curente din relatia lor. De exemplu, unul dintre parteneri ar putea proiecta insecuritatile lor pe celalalt si sa faca presupuneri gresite sau sa se teama de intentiile lor sincere.

Aceasta lipsa de incredere reciproca poate duce la conflicte frecvente si la o imposibilitate de a construi o fundatie sanatoasa pentru relatia lor.

Pentru a depasi ranile emotionale si a reconstrui o relatie solida, partenerii ar trebui sa comunice deschis si sincer despre nevoile lor, sa ofere sprijin si intelegere reciproc si sa-si asume responsabilitatea pentru propriile actiuni si reactii. De asemenea, este important sa se lucreze la vindecarea raniilor emotionale prin terapie de cuplu sau individuala, pentru a evita recidiva lor si pentru a promova o comunicare si o intelegere mai profunda intre parteneri. Respectul, empatia si iubirea reciproca sunt cheile pentru a depasi ranile emotive si a construi o relatie de cuplu sanatoasa si fericita.

"Ranile emotionale sunt cele mai adanci si mai dureroase, deoarece ele provin din iubirea noastra pentru celalalt si din vulnerabilitatea pe care o simtim in fata lui."
- Paul Tillich

Gândurile frumoase,
daca nu vrei sa le uiti, trebuie
doar sa le notezi undeva
si sa le iei cu tine.

1

COMUNICAȚI DESCHIS ȘI SINCER CU PARTENERUL DESPRE SENTIMENTELE VOASTRE.

Capitolul 2: Cauzele rănilor emoționale în relații

Factori care pot contribui la apariția și exacerbarea rănilor emoționale.
Cum ne putem identifica propriile răni emoționale.

Raniile emotionale sunt adesea rezultatul traumatismelor emotionale anterioare sau a evenimentelor stresante din trecutul unei persoane. Acestea pot fi cauzate de o varietate de factori, inclusiv pierderea unei persoane dragi, abuzul emotional sau fizic, neglijarea, respingerea sau ridiculizarea constanta, sau experiente traumatice din copilarie.

Traumele emotionale pot avea un impact puternic asupra starii unei persoane si pot duce la o serie de probleme emotionale si psihologice, cum ar fi anxietatea, depresia, tulburarile de stres post-traumatic, tulburarea de panica sau alte tulburari de anxietate.

Raniile emotionale pot fi, de asemenea, provocate de relatiile interpersonale dificile sau toxice, lipsa de sprijin social sau sentimentul de izolare sau singuratate. Lipsa de incredere in sine, sentimentul de neputinta sau lipsa de control, sau experientele dureroase din trecut pot contribui, de asemenea, la raniile emotionale.

Este important sa intelegem ca raniile emotionale nu sunt intotdeauna vizibile si ca durerea pe care o resimt persoanele care sufera de astfel de rani poate fi la fel de profunda si de reala ca si durerea provocata de leziuni fizice. Tratamentul pentru raniile emotionale poate implica terapie, meditatie, exercitii de relaxare si alte strategii de gestionare a stresului pentru a-l ajuta pe individul sa-si vindece si sa-si repare raniile emotionale si sa-si refaca increderea si bunastarea emotionala.

Ranile emotionale sunt adesea rezultatul experientelor negative din trecut, care au afectat profund starea psihologica a unei persoane. Acestea pot fi cauzate de traume din copilarie, cum ar fi abuzul verbal sau fizic, neglijarea, sau insuccesele repetate care au dus la sentimente de neajutorare si infrangere.

Alte cauze ale ranilor emotionale pot fi relatiile toxice sau abuzive, pierderea unei persoane dragi sau a unui loc de munca, esecurile repetate sau infidelitatea in cadrul unei relatii. Toate acestea pot contribui la scaderea stimei de sine, la sentimente de vinovatie sau rusine, la anxietate si depresie.

De asemenea, presiunea sociala sau asteptarile nerealiste din partea celor din jur pot crea raniri emotionale profunde. Cautarea aprobarii sau a validarii din exterior, lauda excesiva sau critica constanta pot eroda increderea in sine si sentimentul de valoare personala.

Indiferent de cauza, ranile emotionale trebuie recunoscute si si tratate pentru a evita aparitia unor probleme mai grave de sanatate mentala.

Terapia, consilierea psihologica sau grupurile de suport pot ajuta la vindecarea acestor rani si la dezvoltarea unor mecanisme de coping sanatoase. Este important sa nu ignoram sau sa minimalizam aceste traume emotionale, ci sa le recunoastem, sa le acceptam si sa le gestionam pentru a ne putea vindeca si a ne reconstrui viata emotionala si relationala intr-un mod sanatos si echilibrat.

Ranile emotionale sunt adesea rezultatul unor traume sau experiente dureroase din trecut care au afectat profund starea emotionala a unei persoane. Aceste cauze pot fi variate si pot include:

1. Abuz emotional sau fizic: Traumele din copilarie sau din relatii de cuplu pot lasa rani emotionale profunde care afecteaza capacitatea unei persoane de a se simti in siguranta si protejata.

2. Pierderea unei persoane dragi: Moartea unei persoane apropiate poate cauza o trauma emotionala profunda si poate determina sentimente de durere, tristete si abandon.

3. Esuarea unei relatii: O relatie de cuplu care se termina poate lasa rani profunde si poate determina sentimente de respingere, inselaciune si neputinta.

4. Compararea cu altii: Presiunea sociala si compararea constanta cu altii poate crea sentimente de inferioritate si insecuritate care pot lasa rani emotionale adanci.

5. Lipsa de incredere in sine: Credinta ca nu suntem suficient de buni sau suficient de demni poate crea rani emotionale care ne afecteaza autoestima si stima de sine.

6. Neglijarea emotionala: Lipsa de atentie, sustinere sau afectiune din partea celor din jur poate crea rani emotionale si poate determina sentimente de abandon si izolare.

Indiferent de cauza, ranile emotionale pot fi vindecate printr-un proces de autocunoastere, acceptare si iertare. Terapia, consilierea sau sprijinul emotional pot fi de asemenea de mare ajutor in vindecarea acestor rani si in dezvoltarea unei stari emotionale mai sanatoase.

Este important sa avem grija de noi insine si sa ne acordam timpul si spatiul necesar pentru a ne vindeca si a ne recapatata echilibrul emotional.

Există mai mulți factori care pot contribui la apariția și exacerbarea rănilor emoționale. Unul dintre aceștia este stresul cronic, care poate fi cauzat de presiunea de la locul de muncă, problemele în relațiile interpersonale sau alte situații care duc la o acumulare constantă de tensiune emoțională.

Un alt factor este lipsa de suport social și emoțional din partea persoanelor din jur. Atunci când nu avem pe cine să ne sprijinim în momentele dificile sau când nu ne simțim înțeleși și acceptați de cei din jur, putem deveni mai vulnerabili la răni emoționale.

Un alt factor important este traumele din copilărie sau evenimentele negative din trecut care nu au fost procesate corespunzător. Abuzul, neglijarea sau alte experiențe traumatice din trecut pot lăsa urme profunde în psihicul nostru și pot fi sursa unor răni emoționale continue sau exacerbate.

De asemenea, factorii genetici și predispoziția biologică pot juca un rol în apariția și manifestarea rănilor emoționale. Unii oameni pot fi mai sensibili emoțional sau mai predispuși la depresie, anxietate sau alte tulburări psihologice, ceea ce îi poate face mai vulnerabili la răni emoționale.

În final, lipsa unei abilități adecvate de gestionare a emoțiilor și a stresului poate contribui la exacerbarea rănilor emoționale. Când nu știm cum să ne exprimăm și să gestionăm emoțiile în mod sănătos, acestea pot deveni copleșitoare și pot duce la apariția sau agravarea problemelor emoționale. Este important să căutăm ajutor specializat atunci când simțim că nu ne putem gestiona singuri rănile emoționale sau că acestea ne afectează viața într-un mod semnificativ.

Există mai mulți factori care pot contribui la apariția și exacerbarea rănilor emoționale, cum ar fi:
1. Traume din copilărie. Experiențele traumatice din copilărie, cum ar fi abuzul sau neglijarea, pot avea un impact profund asupra stării emoționale a unei persoane și pot duce la apariția unor răni emoționale.
De exemplu, un copil care a fost abuzat emotional de părinți ar putea să dezvolte probleme de încredere și relații nesănătoase în viitor.

2. Stresul cronic. Stresul cronic poate afecta negativ sănătatea mintală a unei persoane și poate duce la apariția rănilor emoționale. De exemplu, un loc de muncă stresant sau relații disfuncționale pot cauza anxietate, depresie și alte probleme emoționale.

3. Lipsa suportului social. Absența unui suport social adecvat poate face ca o persoană să se simtă izolată și singură, ceea ce poate duce la apariția rănilor emoționale.

De exemplu, o persoană care trece printr-o despărțire fără sprijinul prietenilor sau familiei ar putea simți o durere emoțională puternică.

4. Expunerea la violență sau abuz. Persoanele care sunt expuse la violență sau abuz, fie în relații interpersonale sau în mediul în care trăiesc, pot dezvolta răni emoționale profunde.

De exemplu, o persoană care este victima unei agresiuni fizice sau a unui viol ar putea să aibă probleme serioase de stres post-traumatic și anxietate.

5. Tulburări psihologice preexistente. Persoanele care suferă de tulburări psihologice, cum ar fi depresia sau tulburarea de stres post-traumatic, sunt mai vulnerabile la apariția și exacerbarea rănilor emoționale. Aceste tulburări pot face ca o persoană să fie mai sensibilă la trauma și la stresul emoțional.

Există mai mulți factori care pot contribui la apariția și exacerbarea rănilor emoționale, iar recunoașterea și gestionarea acestor factori pot fi esențiale pentru menținerea sănătății emoționale și a bunăstării generale.

Identificarea propriilor răni emoționale este un pas important în procesul de vindecare și creștere personală. Este esențial să fim conștienți de aceste răni și să le recunoaștem pentru a putea să le vindecăm.

Uneori, rănile emoționale pot fi adânc înrădăcinate și pot fi rezultatul unor traume din trecut sau a unor experiențe negative repetate. Aceste răni pot afecta relațiile noastre, stima de sine și calitatea vieții noastre în general.

Pentru a identifica propriile răni emoționale, este important să fim atenți la reacțiile noastre emoționale, comportamentele repetitive sau modelele de gândire negative pe care le avem. De asemenea, putem să ne întrebăm cum ne simțim în anumite situații și ce anume declanșează aceste emoții.

Este util să discutăm cu un terapeut sau un consilier pentru a ne ajuta să identificăm și să înțelegem mai bine rănile noastre emoționale. Prin explorarea și confruntarea cu aceste răni, putem să le vindecăm și să ne eliberăm de povara lor.

Este important să avem grijă de noi înșine și să ne acordăm timp și spațiu pentru a ne vindeca rănile emoționale. Acest proces poate fi dificil și dureros, dar este esențial pentru a putea să ne eliberăm de trecut și să ne construim un viitor mai luminos și echilibrat.

Identificarea propriilor răni emoționale este un proces important în dezvoltarea personală și în gestionarea sănătății mentale.

Aceste răni pot fi adânc înrădăcinate în noi și pot avea un impact negativ asupra relațiilor noastre, asupra modului în care ne percepem pe noi înșine și asupra modului în care ne raportăm la lumea din jur.

Un exemplu de rană emoțională ar putea fi reprezentat de o copilărie dificilă în care nu ne-am simțit iubiți sau apreciați de către părinți. Această lipsă de afecțiune poate duce la sentimente de insecuritate și de lipsă de valoare la maturitate. Identificarea acestei răni emoționale este primul pas către vindecare și către construirea unei relații sănătoase cu noi înșine și cu ceilalți.

Un alt exemplu ar putea fi reprezentat de traumele din trecut, cum ar fi un divorț sau o despărțire dureroasă, care pot lăsa urme adânci în sufletul nostru. Identificarea acestor răni emoționale ne poate ajuta să înțelegem mai bine de ce anumite situații ne afectează atât de puternic și să găsim modalități de a ne vindeca și de a ne repara relațiile sau percepțiile noastre despre noi înșine.

Este important să fim sinceri cu noi înșine și să analizăm în profunzime emoțiile și reacțiile noastre în diverse situații pentru a identifica sursele rănilor emoționale și a le adresa în mod eficient. Terapia sau consilierea pot fi instrumente utile în acest proces și pot oferi suportul și resursele necesare pentru a ne vindeca și a ne vindeca relațiile afectate de rănile emoționale.

Va recomand 10 exercitii ptractice pentru identificarea ranilor emotionale .

1. Scrie o scrisoare de iertare către tine însuți pentru o greșeală pe care ai făcut-o în trecut și învață să te ierți.

Exemplu: "Îmi pare rău că m-am tratat atât de aspru pentru eșecul meu în acel proiect. Îmi promit să fiu mai blând cu mine în viitor și să accept că greșelile fac parte din procesul de învățare."

2. Identifică un moment din copilărie în care te-ai simțit neglijat sau neîngrijit și gândește-te la modalități de a-ți vindeca acea rană.

Exemplu: "M-am simțit neglijat de părinți când eram mic și acum îmi dau seama că acea experiență mi-a afectat încrederea în mine. Voi lucra pentru a îmi vindeca această rană și a-mi construi o imagine pozitivă despre mine."

3. Identifică un moment recent în care te-ai simțit respins sau neînțeles și încercă să îți exprimi acele emoții într-un jurnal sau prin discuție cu un prieten de încredere.

Exemplu: "Am simțit că prietenii mei nu mă înțeleg și mă simt respins. Vreau să îmi exprim aceste emoții și să învăț să comunic mai clar nevoile mele."

4. Identifică un exemplu de relație toxica sau nesănătoase în viața ta și încearcă să înțelegi ce anume te atrage în acele relații.

Exemplu: "Am observat că atrag mereu persoane care mă manipulează sau mă jignesc și cred că se datorează unei lipse de încredere în mine. Voi lucra pentru a-ți dezvolta stima de sine și a-mi alege mai atent relațiile."

5. Examinează relația ta cu tine însuți și încearcă să îți dai seama de radacinile unui comportament autodistructiv sau negativ.

Exemplu: "Am observat că mă critic și mă judec constant și cred că se datorează unui sentiment de nevrednicie pe care îl port în mine de mulți ani. Voi lucra pentru a îmi îmbunătăți relația cu mine însumi și a învăța să mă iubesc așa cum sunt."

6. Identifică un moment din trecut în care ai suferit o pierdere sau un traumatism emoțional și încearcă să înțelegi cum te-a afectat acea experiență.

Exemplu: "Am suferit o pierdere importantă în trecut și acum înțeleg că mi-a afectat relațiile și încrederea în mine. Voi începe să merg la terapie pentru a îmi vindeca această rană și a mă elibera de durerea din trecut."

7. Examinează modul în care îți gestionezi emoțiile negative și încearcă să identifici pattern-uri de comportament care îți creează suferință.

Exemplu: "Am observat că îmi reprime adesea emoțiile și le exteriorizez prin comportamente autodistructive. Voi lucra pentru a îmi exprima mai des emoțiile și a învăța modalități sănătoase de a le gestiona."

8. Identifică un moment în care ai fost rănit de cuvintele sau acțiunile altora și încearcă să înțelegi de ce acea rană emoțională este atât de adâncă.

Exemplu: "Am fost jignit de un coleg de muncă și acum îmi dau seama că acele cuvinte mi-au atins o vulnerabilitate profundă legată de stima de sine. Voi lucra pentru a mi-i întări autoaprecierea și a nu mai lăsa ca alții să îmi definescă valoarea."

9. Examinează modul în care îți permiți să te lași afectat de banalitățile zilnice și încearcă să identifici emoțiile profunde care stau la baza stresului sau anxietății.

Exemplu: "Mă simt adesea copleșit de stres și anxietate și cred că se datorează unor traume nevindecate din trecut. Voi lucra pentru a îmi confrunta temerile și a învăța modalități sănătoase de a gestiona stresul."

10. Identifică un model de gândire toxic sau autodistructiv și încearcă să îți schimbi acele credințe limitative prin conștientizare și practică.

Exemplu: "Am observat că am tendința de a mă critica și judeca pe mine însămi și vreau să învăț să îmi ofer mai multă compasiune și să înlocuiesc acele gânduri negative cu afirmații pozitive și încurajatoare."

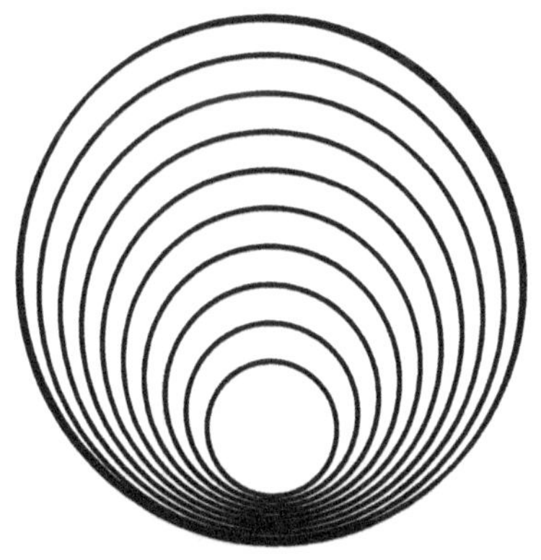

"RANILE EMOTIONALE SUNT CA O CICATRICE PE SUFLETUL NOSTRU, NE AMINTESC MEREU DE MOMENTELE GRELE PRIN CARE AM TRECUT, DAR NE AJUTA SI SA NE RECONSTRUIM MAI PUTERNICI SI MAI INTELEPTI."

2

ÎNCERCAȚI SĂ ÎNȚELEGEȚI ȘI SĂ EMPATIZAȚI CU SENTIMENTELE CELUILALT.

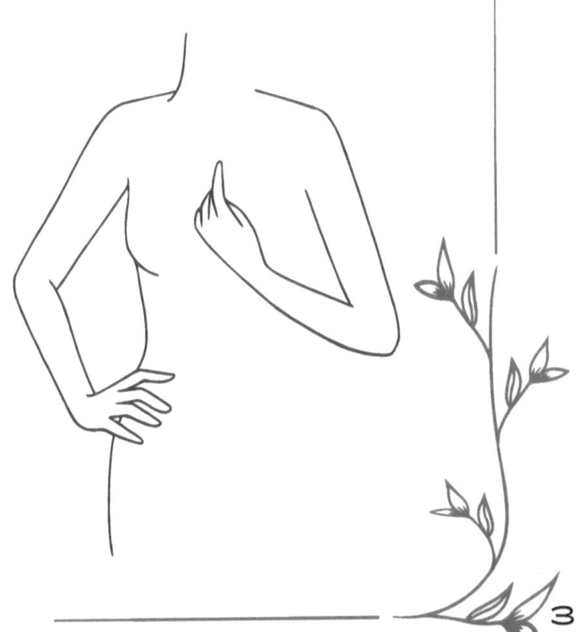

3

REZOLVAȚI CONFLICTELE ȘI PROBLEMELE ÎNTR-UN MOD CONSTRUCTIV, FĂRĂ A RECURGE LA ATACURI SAU REPROȘURI.

Capitolul 3
Recunoașterea și conștientizarea rănilor emoționale.

Importanța înțelegerii și acceptării rănilor noastre emoționale.

Cum putem recunoaște și conștientiza rănile emoționale ale partenerului nostru.

Recunoașterea rănilor emoționale implică să fim sinceri cu noi înșine și să recunoaștem că avem nevoie de sprijin. Poate fi dificil să ne confruntăm cu durerea și cu traumele noastre, dar este esențial să facem acest lucru pentru a putea merge înainte și a ne elibera de povara pe care o purtăm.

Este important să căutăm ajutorul unui terapeut sau a unui consilier pentru a ne ghida în procesul de vindecare. Aceștia ne pot ajuta să explorăm rănile noastre emoționale, să le înțelegem și să le vindecăm treptat.

Recunoașterea rănilor emoționale nu este un semn de slăbiciune, ci dimpotrivă, este un act de curaj și de auto-îngrijire. Este important să ne amintim că avem dreptul să ne vindecăm și să trăim o viață fericită și împlinită.

Prin recunoașterea și tratarea rănilor noastre emoționale, putem învăța să ne iubim și să ne respectăm pe noi înșine mai mult, oferindu-ne șansa de a trăi o viață autentică și echilibrată.

Rănile emoționale sunt adesea mai greu de recunoscut și de tratat decât rănile fizice. Este dificil să identifici atunci când suferim de traume sau dureri interioare, deoarece acestea nu sunt vizibile în mod direct. Însă, recunoașterea acestor răni este un pas esențial în procesul de vindecare emoțională.

Uneori, rănile emoționale pot fi ascunse în straturile adânci ale sufletului nostru, fiind acoperite de mecanisme de apărare și de mecanisme de adaptare pe care le-am dezvoltat de-a lungul timpului. Dar, până la urmă, aceste răni subterane pot afecta grav starea noastră de bine și relațiile noastre cu ceilalți.

Recunoașterea rănilor emoționale necesită un act de curaj și de vulnerabilitate. Înseamnă să ne uităm în adâncul nostru și să recunoaștem că suntem răniți sau afectați de anumite evenimente din trecut sau din prezent. Este important să nu ne ascundem de aceste trăiri, ci să le acceptăm și să le explorăm în profunzime.

Odată ce recunoaștem rănile noastre emoționale, putem să începem să lucrăm la vindecarea lor. Acest proces poate fi dificil și dureros uneori, dar este esențial pentru a ne reface starea de bine și pentru a ne permite să avem relații sănătoase și împlinite.

Nu trebuie să ne simțim rușinați sau vinovați pentru rănile noastre emoționale. Toți avem experiențe dificile în viață și este normal să fim afectați de ele. Recunoașterea acestor răni este un prim pas crucial în direcția vindecării și a redobândirii echilibrului emoțional. Este un act de iubire și de grijă față de noi înșine și față de cei din jurul nostru.

Recunoașterea rănilor emoționale este un prim pas important în procesul de vindecare și de creștere personală. Este esențial să fim conștienți de rănile noastre emoționale pentru a putea să le gestionăm și să lucrăm la vindecarea lor.

Recunoașterea rănilor emoționale poate implica explorarea experiențelor din trecut care ne-au afectat emoțional și identificarea tiparelor de comportament sau de gândire care ne afectează în prezent. Acest proces poate fi uneori dureros sau dificil, dar este crucial pentru a putea să înțelegem și să depășim impactul negativ al rănilor emoționale.

Odată ce recunoaștem rănile noastre emoționale, putem începe să lucrăm la vindecarea lor. Acest lucru poate presupune terapie sau consiliere, practici de autocunoaștere și autoreflecție, precum și îngrijire și iubire de sine. Este important să avem răbdare și să fim blânzi cu noi înșine în acest proces, deoarece vindecarea rănilor emoționale poate dura timp și necesită efort continuu.

În final, recunoașterea și vindecarea rănilor emoționale ne pot ajuta să ne eliberăm de traumele și blocajele emoționale care ne țin captivi și să ne construim o viață mai armonioasă, echilibrată și plină de bucurie și satisfacție.

Recunoașterea rănilor emoționale ale partenerului nostru este un aspect important într-o relație sănătoasă. Este important să fim empatici și să încercăm să înțelegem și să sprijinim partenerul în momentele dificile. Pentru a face acest lucru, putem asculta cu atenție, să fim deschiși să discutăm despre dificultățile lor și să ne oferim sprijinul și încurajarea în perioadele grele. Este important să învățăm să fim sensibili la nevoile și emoțiile partenerului nostru și să arătăm compasiune și susținere în momentele în care au nevoie de acestea. În acest fel, putem consolida legătura noastră și să ne ajutăm reciproc să creștem și să ne vindecăm emoțional în cadrul relației noastre.

Recunoașterea rănilor emoționale ale partenerului este un aspect foarte important într-o relație sănătoasă și empatică. Atunci când suntem capabili să înțelegem și să recunoaștem durerea emoțională a persoanei iubite, suntem în măsură să oferim sprijin și susținere în momentele dificile și să construim o legătură mai puternică și mai intimă.

De exemplu, dacă partenerul nostru a avut o zi dificilă la muncă și se simte copleșit de stres și presiune, putem recunoaște această suferință emoțională și putem să-i oferim un umăr pe care să plângă sau să-l ascultăm fără să-l judecăm. Sau, dacă partenerul nostru se confruntă cu o traumă din trecut care îl afectează în prezent, putem să-i arătăm empatie și să-l sprijinim în procesul de vindecare, fără să-l forțăm să vorbească sau să-și deschidă rănile în fața noastră.

Este important să fim prezenți și atenți la nevoile și emoțiile celui de lângă noi, să fim capabili să ne punem în locul său și să ne oferim sprijinul și iubirea de care are nevoie pentru a depăși momentele dificile.

Iată câteva modalități în care putem identifica și recunoaște rănile emoționale ale partenerului nostru:

1. Observarea comportamentului: Un partener care suferă de răni emoționale poate avea anumite comportamente sau reacții neobișnuite sau repetate. Poate manifesta anxietate, depresie, izolare sau iritabilitate în anumite situații.

2. Comunicarea deschisă: Încurajați partenerul să vorbească deschis despre emoțiile și experiențele sale. Ascultați cu atenție și încercați să înțelegeți motivele și traumele care stau la baza acestor răni emoționale.

3. Observarea semnelor non-verbale: Gesturile, expresiile faciale și limbajul non-verbal pot dezvălui multe despre starea emoțională a partenerului nostru. Fiți atenți la aceste semnale și încercați să citiți și să interpretați emoțiile.

4. Recunoașterea pattern-urilor de comportament: Unele răni emoționale pot duce la modele repetitive de comportament sau reacții automate. Observați aceste pattern-uri și încercați să identificați cauza lor emoțională.

5. Încurajarea terapiei sau consilierii: Dacă simțiți că partenerul dvs. are răni emoționale profunde sau nu reușește să facă față acestor emoții singur, încurajați-l să caute ajutor profesional. Un terapeut sau consilier poate oferi suport și perspective îmbunătățite.

Este important să abordăm recunoașterea și vindecarea ranilor emoționale ale partenerului nostru cu empatie, răbdare și încredere, deoarece acest proces poate fi unul sensibil și necesită timp și suport adecvat.

Constientizarea ranilor emoționale ale partenerului nostru este un pas important în construirea unei relații sănătoase și în creșterea comunicării și înțelegerii reciproce. Este important să fim atenți la semnele și comportamentele care ar putea indica că partenerul nostru suferă emoțional sau are anumite traume nevindecate.

În timpul relației, pot apărea situații care activează aceste răni emoționale și este important să fim sensibili și empatici față de emoțiile și nevoile partenerului nostru. A asculta activ și să ne arătăm susținerea și sprijinul în momentele dificile poate ajuta în vindecarea ranilor emoționale ale partenerului nostru.

De asemenea, în relații cu un partener care are răni emoționale, este important să fim conștienți de propriile noastre limite și să lucrăm la gestionarea propriilor emoții și nevoi pentru a putea fi de ajutor partenerului nostru într-un mod sănătos și echilibrat. Este important să fim deschiși la comunicare și să lucrăm împreună pentru a crește și vindeca împreună orice răni emoționale din trecut.

Este extrem de important să fim conștienți de rănile emoționale ale partenerului nostru pentru a putea construi o relație sănătoasă și împlinitoare. Aceste răni pot proveni dintr-o varietate de surse, cum ar fi traume din copilărie, relații anterioare sau din alte experiențe de viață.

De exemplu, dacă partenerul nostru a fost abandonat de părinți în copilărie, este posibil să aibă teame de abandon sau anxietate legate de relațiile interpersonale. Prin conștientizarea acestor răni emoționale, putem fi mai sensibili la nevoile lor și putem să le oferim suport și înțelegere în momentele dificile.

Un alt exemplu ar fi un partener care a fost înșelat în trecut și care acum are probleme de încredere în relația actuală. Prin conștientizarea acestei răni emoționale, putem să fim mai atenți la comportamentele noastre și să demonstrăm că suntem de încredere și loiali.

În concluzie, conștientizarea și încercarea de a vindeca rănile emoționale ale partenerului nostru este esențială pentru o relație sănătoasă și fericită.
Este important să fim empatici, să comunicăm deschis și să ne sprijinim reciproc în drumul către vindecare și creștere personală.

Va recomand 10 exercitii practice privind recunoasterea si constientizarea ranilor emotionale ale partenerului .

1. Exercitiul de ascultare activa: Alege un moment potrivit pentru a sta de vorba cu partenerul tau si asculta-l cu atentie atunci cand vorbeste despre experientele sale negative din trecut. Incearca sa nu intercalezi parerile tale sau sa-ti exprimi propriile emotii, ci doar sa fii acolo pentru el/ea.

2. Exercitiul de empatie: Incearca sa-ti pui in locul partenerului si sa-ti imaginezi cum s-ar simti el/ea in situatia respectiva. Poate ca ranile emotionale ale partenerului sunt rezultatul unor evenimente traumatice din copilarie sau din relatii anterioare.

3. Exercitiul de comunicare non-verbala: Observa limbajul non-verbal al partenerului tau atunci cand vorbeste despre ranile sale emotionale. Gesturile, tonul vocii sau expresia faciala ii pot dezvalui emotiile reale, chiar daca cuvintele ii traduc altceva.

4. Exercitiul de intelegere a nevoilor: Incercati sa identificati nevoile emotionale ale partenerului si cum acestea sunt afectate de ranile sale. Poate ca el/ea are nevoie de sustinere, de incredere sau de compasiune pentru a-si vindeca rani vechi.

5. Exercitiul de relationare: Reflectati impreuna asupra modului in care va puteti sprijini reciproc pentru a depasi ranile emotionale si a construi o relatie sanatoasa. Poate ca aveti nevoie de terapie de cuplu sau de alte resurse care va pot ajuta in acest proces.

6. Exercitiul de gestionare a conflictelor: Incercati sa evitati reprosurile reciproce sau judecatile asupra ranilor emotionale ale partenerului si gasiti modalitati constructive de a discuta despre aceste probleme.

7. Exercitiul de iertare: Invata sa iti ierti partenerul pentru greselile din trecut si sa lasi in urma ranile emotionale pe care le-ai suferit. Roaga-l/ o sa faca acelasi lucru pentru tine si construiti impreuna o legatura mai puternica si mai echilibrata.

8. Exercitiul de sprijin reciproc: Oferiti-va sustinere in momentele dificile si incurajati-va unul pe celalalt sa va vindecati ranile emotionale. Fiti acolo pentru partenerul tau atunci cand are nevoie si transmiteti-i ca sunteti alaturi de el/ea indiferent de orice.

9. Exercitiul de self-care: Nu uita sa iti ingrijesti si sa iti protejezi propriile emotii in timp ce incerci sa ii ajuti pe ceilalti. Fii constient de limitele tale si nu te implica emotional in exces in problemele partenerului.

10. Exercitiul de consiliere: Daca ranile emotionale ale partenerului sunt prea profunde sau dificile de gestionat, este recomandabil sa solicitati ajutor de la un consilier sau terapeut specializat in terapia de cuplu. Acesta va poate ajuta sa va intelegi mai bine nevoile si sa va vindecati ranile emotionale in mod eficient.

„ RĂNIND PE CINEVA PE CARE ÎL IUBEŞTI, TE
RĂNEŞTI ŞI TU ÎNSUŢI. DUREREA PE CARE O
PROVOCI ÎN INIMA PARTENERULUI ESTE O RANĂ
CARE ÎŢI VA ATINGE ŞI SUFLETUL."
- CONFUCIUS

4

ÎNVĂȚAȚI SĂ VĂ IERTAȚI RECIPROC PENTRU GREȘELI ȘI SĂ MERGEȚI MAI DEPARTE.

5

PĂSTRAȚI O COMUNICARE DESCHISĂ ȘI RESPECTUOASĂ.

Capitolul 4

Explorarea rănilor noastre emoționale.
Cum putem săpăm adânc în propriile noastre răni emoționale.
Terapii și tehnici pentru a explora și înțelege rănile noastre emoționale.

Explorarea rănilor noastre emoționale este un proces important și necesar pentru a ne înțelege mai bine și a ne vindeca. Aceste răni pot proveni din experiențe dureroase din trecut, traume sau relații toxice, și pot afecta modul în care ne simțim și acționăm în prezent.

Pentru a explora rănile noastre emoționale, este important să fim sinceri cu noi înșine și să recunoaștem ceea ce simțim și cum ne influențează trecutul în prezent. Este util să identificăm sursele rănilor noastre emoționale și să lucrăm pentru a le înțelege și a le accepta.

O modalitate eficientă de a explora rănile noastre emoționale este prin terapie, unde putem vorbi deschis despre traumele sau durerile noastre și putem primi sprijin și îndrumare pentru a le vindeca. De asemenea, meditația, jurnalul sau activități creative precum pictura sau scrisul pot fi modalități terapeutice de a explora și vindeca rănile noastre emoționale.

Explorarea rănilor noastre emoționale poate fi un proces dureros și solicitant, dar este esențial pentru vindecare și creștere personală.

Prin confruntarea cu aceste răni și lucrul pentru a le vindeca, putem elibera traumele noastre, putem învăța să ne iertăm și să ne acceptăm pe noi înșine și să ne reconstruim încrederea în noi înșine. Este un proces dificil, dar cu răbdare și angajament, putem găsi pace și vindecare în cele din urmă.

Explorarea rănilor noastre emoționale poate fi un proces dificil și dureros, dar este esențial pentru vindecare și creștere personală. Aceste răni pot proveni din traume din copilărie, relații toxice, pierderi sau alte experiențe negative pe care le-am trăit.

Un exemplu de rană emoțională ar putea fi frica de abandon, care poate proveni dintr-o relație în care am fost părăsiți sau neglijați. Această frică ne poate afecta relațiile actuale și ne poate face să fim prea atașați de ceilalți sau, dimpotrivă, să ne retragem și să ne închidem emoțional.

Alt exemplu ar putea fi sentimentul de neîncredere, care poate apărea dintr-o experiență de înșelare sau trădare în trecut. Acest sentiment ne poate face să fim precauți în noi relații și să nu ne deschidem complet sau să ne menținem garda ridicată în permanență.

Explorarea acestor răni emoționale necesită în primul rând conștientizarea lor și acceptarea faptului că ele există. Apoi, este important să ne analizăm gândurile și comportamentele care sunt legate de aceste răni și să ne îndreptăm atenția către vindecare și îngrijirea noastră emoțională.

Putem folosi diverse metode și tehnici de terapie sau auto-reflecție pentru a ne ajuta să ne vindecăm aceste răni, cum ar fi terapia cognitiv-comportamentală, meditația, consilierea sau alte modalități de lucru cu emoțiile noastre.

Este important să ne dăm permisiunea de a fi vulnerabili și de a cere ajutor atunci când simțim că nu putem face față singuri acestor răni emoționale. Prin explorarea și vindecarea lor, putem învăța să ne acceptăm și să ne iubim așa cum suntem și să construim relații sănătoase și autentice atât cu noi înșine, cât și cu ceilalți.

Explorarea rănilor emoționale ale partenerului de cuplu este un aspect extrem de important într-o relație sănătoasă. Aceste răni emoționale pot proveni din trecutul său, din relațiile anterioare, din traume sau evenimente din copilărie. Este esențial să fii empatic și să încerci să înțelegi aceste răni ale partenerului tău pentru a putea construi o legătură mai puternică și mai profundă în relația voastră.

De exemplu, să presupunem că partenerul tău a avut o relație toxică în trecut și acum are probleme de încredere și se simte nesigur în relația voastră. Pentru a explora această rană emoțională, poți să îl întrebi despre acele experiențe trecute și cum l-au afectat acele relații. Poți să îl asiguri că ești acolo pentru el și că nu vei repeta aceleași greșeli din trecut.

De asemenea, este important să îți împărtășești propriile răni emoționale cu partenerul tău, pentru a putea crea un mediu sigur și deschis de comunicare în relația voastră.

Puteți să îi spui parteneruli despre cum te-au afectat anumite evenimente din trecutul tău și cum te-au modelat ca persoană.

Explorarea rănilor emoționale ale partenerului de cuplu necesită timp, răbdare și empatie. Este un proces continuu și care necesită comunicare deschisă și sinceră pentru a putea înțelege și susține unul pe celălalt în relația voastră.

Să săpăm adânc în propriile noastre răni emoționale poate părea un proces dificil și dureros, dar este esențial pentru vindecare și eliberare.
Primul pas în acest proces este să fim sinceri cu noi înșine și să recunoaștem că avem răni emoționale care trebuie vindecate.

Este important să ne acordăm timp și spațiu pentru a explora aceste răni și să le identificăm cu atenție. Acest lucru poate implica recunoașterea și acceptarea emoțiilor noastre, chiar dacă sunt dureroase sau incomode. Este important să nu ne negăm sau să ne ascundem sentimentele, ci să le explorăm în profunzime.

O altă modalitate de a săpa adânc în rănile noastre emoționale este să căutăm ajutor și suport din partea celor dragi sau a unui terapeut. Aceștia ne pot oferi perspectiva și resursele de care avem nevoie pentru a naviga în aceste emoții complexe și profunde.

În plus, practicarea compasiunii și iertării față de noi înșine poate fi extrem de benefică în procesul de vindecare.

Să acceptăm că suntem oameni imperfecti și să ne acordăm iertare pentru greșelile noastre ne poate ajuta să ne eliberăm de povara trecutului și să avansăm în mod sănătos și conștient.

În final, săpatul adânc în propriile noastre răni emoționale poate fi un proces dureros, dar este esențial pentru a ne elibera de traumele și blocajele din trecut și pentru a ne permite să trăim vieți mai fericite, echilibrate și autentice. Este un act de curaj și generozitate față de noi înșine și merităm să ne acordăm timpul și atenția necesare pentru a ne vindeca și a crește din aceste experiențe.

Există mai multe modalități prin care putem săpăm adânc în propriile noastre răni emoționale, iar fiecare persoană poate găsi acele tehnici care funcționează cel mai bine pentru ea.

Iată câteva exemple de modalități de a explora și de a vindeca rănile emoționale:

1. Meditația : Prin practicarea meditației putem deveni mai conștienți de gândurile și emoțiile noastre și putem săpăm adânc pentru a înțelege și a vindeca rănile emoționale.

2. Terapie cognitiv-comportamentală:Aceasta terapie este o modalitate eficientă de a lucra cu gândurile și comportamentele noastre negative și de a înlocui tiparele de gândire dăunătoare cu unele mai sănătoase și benefice.

3. Scrierea jurnalului: Ținerea unui jurnal poate fi o modalitate eficientă de a explora și de a procesa gândurile și emoțiile noastre, neputând astfel săpăm adânc în rănile emoționale.

4. Exprimarea emoțiilor prin artă sau alte modalități creative: Folosirea artelor creative pentru a exprima emoțiile noastre poate fi o modalitate puternică de a săpa adânc în rănile emoționale și de a le vindeca.

5. Confruntarea cu frica și cu durerea: Confruntarea directă cu frica și cu durerea noastră poate fi o modalitate dificilă, dar eficientă, de a săpa adânc în rănile emoționale și de a le vindeca în cele din urmă.

Fiecare persoană are propriile metode care funcționează cel mai bine pentru ea în explorarea și vindecarea rănilor emoționale. Esențial este să ne acordăm timpul necesar și să fim deschiși și curajoși în procesul de vindecare.

Terapia este un instrument eficient pentru a explora și vindeca rănile noastre emoționale. Există mai multe tipuri de terapii care pot fi folosite în acest scop, precum terapia cognitiv-comportamentală, terapia de cuplu, terapia familială sau terapia de grup.

În terapie, vom fi ghidați de un terapeut calificat care ne va ajuta să identificăm și să înțelegem rănile noastre emoționale, să explorăm cauzele acestora și să învățăm modalități să le gestionăm și să le vindecăm. Terapeutul ne va ajuta să explorăm emoțiile, gândurile și comportamentele noastre și să identificăm tiparele negative care ne afectează sănătatea mentală și relațiile.

Prin terapie, putem învăța să ne acceptăm în profunzime și să ne eliberăm de traumele trecute și de comportamentele autodistructive. Putem învăța să ne gestionăm mai bine emoțiile, să ne sprijinim pe noi înșine și să ne construim relații sănătoase. În final, terapia ne poate ajuta să ne descoperim și să ne dezvoltăm potențialul pentru a trăi o viață plină de satisfacții și împlinire.

Terapii pentru a explora și înțelege rănile noastre emoționale.

- Terapie cognitiv-comportamentală: Această formă de terapie se concentrează pe identificarea și schimbarea gândurilor negative și comportamentelor dăunătoare. Prin explorarea gândurilor și emoțiilor legate de rănile noastre emoționale, putem învăța să le gestionăm și să le depășim.

- Terapie experiențială: În cadrul acestei terapii, ne invităm să explorăm și să simțim emoțiile din trecut într-un mod sigur și susținut, pentru a ne vindeca și a ne elibera de rănile emoționale. Tehnici precum terapia prin artă sau terapia prin mișcare pot fi utile în această explorare emoțională.

- Terapie psihodinamică: Această formă de terapie se concentrează pe adâncirea în subconștient pentru a descoperi și a înțelege rădăcinile profunde ale rănilor noastre emoționale. Prin explorarea proceselor inconștiente și a relațiilor din trecut, putem lucra pentru a ne vindeca și a crește în moduri mai sănătoase.

- Terapie de cuplu sau familială: Uneori, rănile emoționale sunt strâns legate de relațiile noastre și de dinamica familială sau de cuplu. Participarea la terapie alături de partenerul sau de membrii familiei poate fi un mod eficient de a explora și a înțelege rănile emoționale care ne afectează interacțiunile și relațiile.

- Terapie de grup: Participarea la terapie într-un mediu de grup oferă oportunități de a explora și a înțelege rănile emoționale alături de alți oameni care trec prin experiențe similare. Prin împărtășirea și ascultarea poveștilor altora, putem găsi sprijin și înțelegere care să ne ajute în procesul de vindecare.

- 1Terapie psihologică: Psihoterapia este unul dintre cele mai eficiente moduri de a explora și înțelege rănile noastre emoționale. Un terapeut calificat poate ajuta să identificăm sursele traumelor și să lucrăm împreună pentru a le gestiona și vindeca.

- Terapie de grup: Participarea la ședințe de terapie de grup poate fi benefică pentru cei care au dificultăți în exprimarea emoțiilor sau în relaționarea cu alții. În cadrul unui grup, putem învăța să ne deschidem și să lucrăm împreună cu ceilalți pentru a ne vindeca rănile emoționale.

- Terapie prin artă: Art-terapia este o formă de terapie care folosește exprimarea artistică pentru a explora și a vindeca rănile emoționale. Prin desen, pictură sau alte forme de artă, putem accesa emoțiile noastre profunde și să le integrăm în procesul de vindecare.

- Meditație și mindfulness: Practicile de meditație și mindfulness ne pot ajuta să devenim mai conștienți de emoțiile noastre și să le gestionăm în mod sănătos. Prin observarea gândurilor și emoțiilor noastre fără a le judeca, putem începe să ne eliberăm de rănile emoționale.

- Terapie prin dans și mișcare: Dansul și mișcarea pot fi modalități puternice de a elibera emoțiile refulate și de a ne conecta cu corpul nostru. Participarea la sesiuni de terapie prin dans sau mișcare poate fi o modalitate eficientă de a vindeca rănile emoționale și de a ne elibera de traumele trecutului.

- Terapie prin experiențe de aventură: Participarea la activități în aer liber sau la aventuri în natură poate fi o modalitate puternică de a explora și a vindeca rănile emoționale. Prin confruntarea cu temerile și provocările, putem depăși blocajele emoționale și să ne reconectăm cu noi înșine într-un mod profund și vindecător.

Indiferent de forma de terapie aleasă, este important să îți acorzi timpul și spațiul necesar pentru a explora și a înțelege rănile emoționale. Această lucrare poate fi dificilă și provocatoare, dar investiția în propria ta sănătate emoțională și vindecare merită efortul depus.

Rănile emoționale sunt adesea mai dificil de înțeles și de vindecat decât cele fizice. Cu toate acestea, este important să ne confruntăm cu ele pentru a putea avansa și a ne elibera de durere și suferință.

Una dintre cele mai eficiente tehnici pentru a înțelege rănile noastre emoționale este să fim conștienți de ele și să le recunoaștem. Este important să ne permitem să simțim și să recunoaștem durerea, tristețea, furia sau orice altă emoție negativă care ne afectează. Ignorarea sau negarea acestor emoții nu va face decât să le amplifice și să le transforme într-o povară greu de purtat.

De asemenea, putem folosi tehnici de introspecție și de meditație pentru a ne conecta cu stările noastre interioare și pentru a identifica sursele rănilor noastre emoționale. Este important să explorăm amintirile, gândurile și emoțiile care ne provoacă suferință și să le analizăm în profunzime pentru a înțelege cauza acestor răni.

Un alt aspect important în înțelegerea rănilor emoționale este să fim deschiși la comunicare și să discutăm despre ele cu cei apropiați sau cu un terapeut. Prin exprimarea emoțiilor și a gândurilor noastre, putem obține perspectiva și sprijinul de care avem nevoie pentru a gestiona și a vindeca aceste răni.

În final, acceptarea și iertarea de sine sunt două aspecte esențiale în procesul de vindecare a rănilor emoționale.

Nu putem schimba trecutul sau ceea ce s-a întâmplat, dar putem învăța să ne acceptăm și să ne iertăm pentru greșelile noastre sau pentru suferințele pe care le-am trăit.

Pentru folosirea acestor tehnici și prin angajamentul în procesul de vindecare personală, putem înțelege și vindeca rănile noastre emoționale, creând astfel spațiu pentru vindecare, creștere și evoluție personală.

- Păstrarea unui jurnal emoțional: Această tehnică presupune să notăm și să reflectăm asupra emoțiilor noastre zilnic. În acest fel, putem identifica modele și cauze ale rănilor noastre emoționale.

De exemplu, putem observa că suntem adesea supărați sau anxioși în prezența anumitor persoane sau în anumite situații, ceea ce ne poate ajuta să înțelegem ce anume ne rănește.

- Terapia vorbirii: Vorbitul despre rănile noastre emoționale cu un terapeut sau cu o persoană de încredere poate fi extrem de benefic. Prin deschiderea sufletului și împărtășirea experiențelor noastre, putem obține o perspectivă obiectivă asupra situațiilor și putem găsi soluții pentru a ne vindeca.

- Practicarea autocunoașterii:Auto-reflecția și autocunoașterea sunt aspecte importante în procesul de explorare și înțelegere a rănilor emoționale. Putem încerca tehnici precum meditația sau vizualizarea pentru a explora și a descoperi originile și impactul rănilor noastre emoționale.

- Lucrul cu oameni sau cu animale de companie: Activitățile care ne aduc confort și conexiune cu alții sau cu animale de companie pot avea un efect vindecător asupra rănilor noastre emoționale. Comunicarea cu alte ființe și construirea de relații sănătoase poate contribui la vindecare și înțelegerea mai profundă a rănilor emoționale.

Va recomand 10 exercitii practice pentru a explora și înțelege rănile noastre emoționale.

1. Scrisul jurnalului: Alegeți să vă eliberați emoțiile prin scrierea unui jurnal pentru a explora și înțelege mai bine rănile emoționale. Înregistrați-vă gândurile, sentimentele și experiențele din trecut și observați cum vă afectează în prezent.
 De exemplu, puteți scrie despre un eveniment din copilărie care vă-a afectat și cum aceasta rănire emoțională continuă să vă influențeze relațiile sau comportamentul în prezent.

2. Meditația ghidată: Practicați meditația ghidată pentru a explora rănile emoționale profunde și a obține înțelepciune despre ele. În timpul meditației, aveți grijă să vă conectați cu acele emoții și să le explorați cu compasiune și acceptare.
De exemplu, puteți folosi o meditație ghidată pentru a vă conecta cu durerea sufletească pe care o simțiți și a începe procesul de vindecare.

3. Terapia cu artă: Folosiți arta ca formă de terapie pentru a explora și exprima rănile voastre emoționale. Desenați, pictați sau sculptați pentru a reprezenta acele emoții dificile și pentru a le elibera din interior.

De exemplu, creați un desen care simbolizează rănirea emoțională pe care o simțiți și observați ce revelații aduc această experiență.

4. Conversații deschise: Împărtășiți cu încredere cu cei dragi despre rănile voastre emoționale și ascultați cu atenție feedback-ul lor și sprijinul lor. Comunicarea sinceră și deschisă poate ajuta la înțelegerea mai profundă a propriilor emoții și la găsirea unor modalități să le vindecați.

De exemplu, discutați cu un prieten de încredere despre o situație care vă-a afectat emoțional și ascultați cum vă pot susține în procesul de vindecare.

5. Practica auto-empatiei: Acordați-vă timp să vă ascultați propriile emoții cu compasiune și empatie și să vă oferiți sprijinul de care aveți nevoie pentru a vă vindeca rănile emoționale. Folosiți afirmații pozitive și încurajatoare pentru a vă încuraja și a vă vindeca.

De exemplu, spuneți-vă: "Îmi accept și îmi iubesc emoțiile așa cum sunt și îmi ofer sprijinul și iubirea de care am nevoie pentru a-mi vindeca rănile emoționale."

6. Practica meditatiei: Focalizați-vă pe prezent și fiți atenți la emoțiile care se ridică în voi fără a le judeca sau a încerca să le suprimați.

Observați cum aceste emoții vă afectează trupul, mintea și spiritul și practicați acceptarea și eliberarea lor.

De exemplu, în timp ce faceți o plimbare în natură, fiți atenți la emoțiile care vă vin în minte și la senzațiile fizice care le însoțesc.

7. Sensibilizarea emoțională: Identificați și numiți emoțiile pe care le simțiți în mod clar și conștient, fără a le suprima sau a le nega. Fii deschis să explorezi rănile emoționale pe care le simți și să le confrunți cu curaj și acceptare.

De exemplu, numiți emoțiile pe care le simțiți într-o situație stresantă sau conflictuală și analizați de ce acele emoții sunt prezente.

8. Practica auto-reflectării: Reflectați asupra interacțiunilor voastre, relațiilor și experiențelor trecute pentru a identifica pattern-urile de comportament sau emoțiile care vă afectează negativ. Analizați cum aceste răniri emoționale v-au influențat deciziile și alegerile și găsiți modalități constructive de a le vindeca.

De exemplu, întrebați-vă care sunt modelele repetate de comportament sau reacții emoționale și cum vă pot afecta în prezent.

9. Terapia individuală: Căutați ajutorul unui terapeut care poate oferi un cadru sigur și sprijin pentru a explora și a vindeca rănile emoționale. Lucrați împreună pentru a identifica sursele rănilor emoționale și modalitățile de a le vindeca și transforma. Terapeuții pot folosi diferite tehnici terapeutice cum ar fi terapia cognitiv-comportamentală, terapia psihodinamică sau terapia experiențială pentru a vă ajuta să vă vindecați rănile emoționale.

10. Participarea la grupuri de suport: Implicați-vă într-un grup de suport care vă poate oferi sprijinul și înțelegerea altor persoane care trec prin experiențe similare. Împărtășiți-vă poveștile, emoțiile și resursele pentru a vă susține reciproc în procesul de vindecare.

De exemplu, participați la un grup de suport pentru persoane care au suferit traume emoționale sau abuz și împărtășiți-vă experiențele și resursele care vă pot ajuta să vă vindecați rănile.

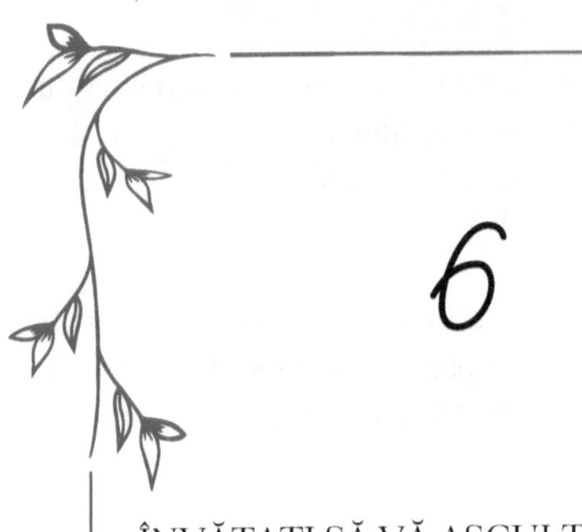

6

ÎNVĂȚAȚI SĂ VĂ ASCULTAȚI ȘI SĂ VĂ SPRIJINIȚI UNUL PE CELĂLALT.

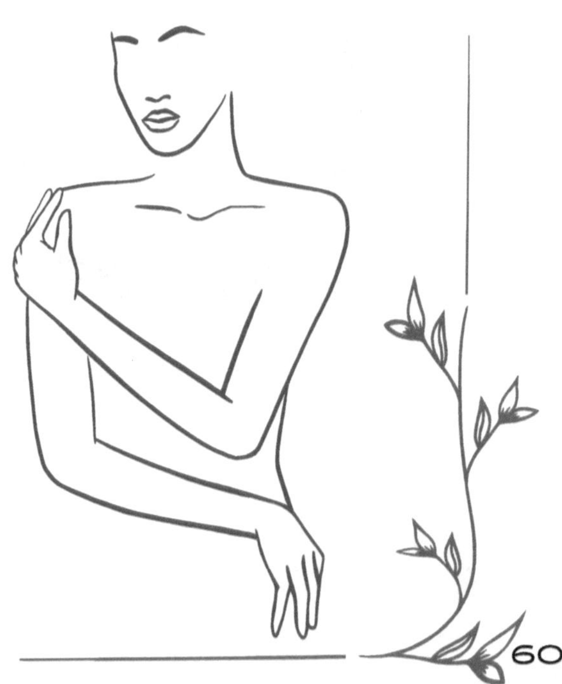

7

ÎNCURAJAȚI-VĂ UNUL PE CELĂLALT SĂ VORBIȚI DESPRE GRIJILE ȘI TEMERILE VOASTRE.

Capitolul 5

. Impactul rănilor emoționale asupra relațiilor noastre in cuplu.

. Cum rănile noastre emoționale pot afecta relația cu partenerul nostru.

. Cum putem lucra împreună cu partenera/ul de cuplu pentru a gestiona și vindeca aceste răni.

Rănile emoționale pe care le poartă unul sau ambii parteneri pot avea un impact semnificativ asupra relației lor în cuplu. Aceste răni pot proveni din experiențe traumante din trecut, emoții negative nerezolvate sau neînțelegeri non-exprimate.

În primul rând, rănile emoționale pot afecta capacitatea unui individ de a se deschide și de a se conecta cu partenerul său. Dacă cineva își poartă rănile emoționale în relația lor, acest lucru poate duce la distanțare emoțională, lipsă de încredere sau chiar la evitarea conflictelor. Aceste aspecte pot afecta comunicarea și intimitatea în cuplu, ceea ce poate duce la deteriorarea relației.

De asemenea, rănile emoționale pot influența modul în care un individ se raportează la partenerul său. Uneori, o persoană poate reacționa exagerat sau se poate retrage în fața anumitor situații din cauza rănilor emoționale pe care le poartă. Acest comportament poate duce la tensiuni în relație și poate crea un cerc vicios de neînțelegere și resentimente.

Rănile emoționale nevindecate pot duce chiar la sfârșitul relației. Frustrarea și neîmplinirea pot deveni prea mari pentru unul sau ambii parteneri și relația poate deveni insuportabilă. Este important ca cei implicați într-o relație să fie conștienți de rănile emoționale pe care le poartă și să se străduiască să le vindece, fie prin terapie, fie prin comunicare deschisă și sinceră.

În concluzie, rănile emoționale pot avea un impact semnificativ asupra relațiilor noastre în cuplu. Este crucial să fim conștienți de ele și să lucrăm împreună pentru a le vindeca și a construi o relație sănătoasă și fericită.

Rănile emoționale pe care le purtăm din trecutul nostru pot avea un impact semnificativ asupra relațiilor noastre în cuplu. Aceste răni pot fi rezultatul unor traume din copilărie, experiențe dureroase din relațiile anterioare sau chiar auto-sabotajul și lipsa de încredere în sine.

Aceste răni emoționale pot să ne facă să fim mai sensibili, mai defensivi sau mai critici în relația cu partenerul nostru. Putem reacționa exagerat la anumite situații, să ne retragem sau să ne închidem emoțional, sau chiar să căutăm constant aprobarea sau validarea din partea celuilalt.

De exemplu, dacă avem o frică profundă de abandon din cauza unui părinte absent sau abuziv, putem reacționa cu anxietate sau gelozie atunci când partenerul nostru petrece timp cu alți oameni sau nu ne răspunde imediat la mesaje.

Sau, dacă am fost răniți în trecut de o persoană care ne-a mințit sau ne-a trădat, am putea să fim foarte precauți și suspicioși în relația actuală, fără să dăm suficientă încredere partenerului nostru.

Aceste modele de comportament negative pot afecta comunicarea în cuplu, pot crea tensiuni sau conflicte și pot distruge în cele din urmă relația. Este important să recunoaștem și să confruntăm aceste răni emoționale, să lucrăm asupra lor și să le vindecăm împreună cu partenerul nostru. Consilierea de cuplu sau terapia individuală pot fi de mare ajutor în acest sens.

Este esențial să fim conștienți de impactul rănilor emoționale asupra relațiilor noastre în cuplu și să luăm măsuri pentru a le vindeca și a construi o relație sănătoasă și fericită.

Rănile emoționale pe care le purtăm din experiențele noastre trecute pot avea un impact profund asupra relațiilor noastre de cuplu. Aceste răni pot proveni din relații anterioare, traume din copilărie sau din alte circumstanțe dureroase care ne-au modelat percepția despre noi înșine și despre ceilalți. Este important să conștientizăm aceste răni și să le tratăm pentru a putea construi relații sănătoase și armonioase.

Un exemplu comun este cel al unei persoane care a fost înșelată într-o relație anterioară. Această experiență dureroasă poate crea răni emoționale profunde legate de încredere și de frica de a fi trădat din nou.

Aceste răni pot afecta relația actuală, chiar dacă partenerul actual nu are nimic de-a face cu relația anterioară. Persoana în cauză poate deveni geloasă, obsesivă sau poate avea probleme de încredere cu partenerul său, ceea ce poate duce la conflicte și tensiuni în relație.

Un alt exemplu ar putea fi acela al unei persoane care a crescut într-un mediu familial abuziv sau neglijent. Această persoană poate avea răni emoționale legate de valoarea de sine, de încredere în ceilalți și de abilitatea de a se atașa emoțional. Aceste răni pot afecta capacitatea acestei persoane de a se deschide și de a se angaja într-o relație de cuplu sănătoasă. Pot apărea probleme de comunicare, de intimitate și de atașament care pot sabota relația pe termen lung.

Pentru a depăși impactul rănilor emoționale asupra relațiilor noastre de cuplu, este important să ne confruntăm cu ele și să le tratăm prin terapie, autocunoaștere și comunicare deschisă cu partenerul. Este esențial să ne eliberăm de trecut și să ne vindecăm rănile pentru a putea construi relații sănătoase și fericite.
Rănile emoționale pot avea un impact imens asupra relațiilor noastre în cuplu, deoarece acestea pot afecta modul în care ne percepem pe noi înșine, modul în care interacționăm cu partenerul și chiar modul în care gestionăm conflictul și comunicăm în relație.

Iată cum aceste răni emoționale pot influența relațiile noastre:

1. Încredere deteriorată: Dacă avem răni emoționale din relații anterioare sau din trecutul nostru, putem avea dificultăți în a avea încredere în partenerul nostru sau în a ne deschide cu adevărat în relație. Acest lucru poate duce la lipsa de intimitate și la distanță în cuplu.

2. Comportamente defensive: Rănile emoționale pot declanșa comportamente defensive în relație.
De exemplu, dacă am avut o experiență traumatică în trecut, este posibil să fim hipervigilenți sau să reacționăm excesiv la anumite situații în relație.

3. Lipsa comunicării sau comunicarea toxică: Rănile emoționale pot afecta modul în care comunicăm în relație. Putem evita discuțiile despre problemele noastre sau putem deveni defensivi sau critici în comunicare. Acest lucru poate duce la escaladarea conflictelor și la disfuncționalități în relație.

4. Oferirea și primirea iubirii: Rănile emoționale pot afecta modul în care ne dăm și primim iubire în relație. Putem fi prea neîncrezători pentru a accepta afecțiunea partenerului sau putem fi prea anxioși pentru a-i arăta partenerului cât de mult îl iubim. Acest lucru poate duce la neîmplinire emoțională și la distanță în cuplu.

5. Cicluri repetitive de rănire: Rănile emoționale netratate sau neadresate pot duce la cicluri repetitive de rănire în relație.

De exemplu, dacă avem o frică profundă de abandon din cauza unei experiențe anterioare, putem atrage parteneri care reproduc acest tip de comportament, perpetuând astfel modelul de rănire.

Pentru a gestiona rănile emoționale și a-ți îmbunătăți relația de cuplu, este important să cauți terapie sau consiliere pentru a lucra la vindecarea rănilor emoționale. De asemenea, este crucial să comunici deschis și sincer cu partenerul tău, să construiești încredere și să fii empatic față de nevoile și vulnerabilitățile fiecăruia. În cele din urmă, este esențial să ai răbdare și să fii dispus să lucrezi în continuu pentru a construi o relație sănătoasă și plină de iubire.

Rănile emoționale pe care le purtăm cu noi pot avea un impact considerabil asupra relației noastre cu partenerul nostru. Aceste răni pot proveni din experiențe trecute, traume sau din relații anterioare care ne-au afectat în mod negativ.

Atunci când nu suntem conștienți de aceste răni, ele pot afecta modul în care ne raportăm la partenerul nostru. Putem fi mai defensivi, mai reci sau mai distanți, devenind mai puțin receptivi la nevoile partenerului nostru.

De asemenea, putem dezvolta temeri și anxietăți legate de relație, care ne pot face să avem dificultăți în a ne deschide și a ne conecta cu partenerul nostru.

În plus, rănile emoționale pot aduce în relație un nivel ridicat de conflict și tensiune.

Putem reacționa excesiv la anumite situații, creând conflicte inutile sau reproșuri constante. Aceste comportamente pot duce la deteriorarea relației și la un sentiment de neînțelegere și respingere reciproca.

Pentru a depăși aceste răni emoționale și a avea o relație sănătoasă și fericită, este important să fim conștienți de ele și să lucrăm activ pentru a le vindeca. Terapia individuală sau de cuplu poate fi un prim pas în această direcție, ajutându-ne să înțelegem originile acestor răni și să învățăm modalități să le gestionăm într-un mod pozitiv.

Prin conștientizarea și vindecarea rănilor noastre emoționale, putem crea o relație mai sănătoasă și mai profundă cu partenerul nostru, bazată pe încredere, respect și iubire autentică.
Atunci când nu suntem conștienți de propriile noastre răni emoționale, există riscul ca acestea să afecteze negativ relația de cuplu. De exemplu, putem proiecta propriile noastre temeri și insecurități asupra partenerului nostru, creând tensiuni și conflicte în relație. De asemenea, rănile emoționale pot duce la comportamente autodistructive sau la izolare emoțională, ceea ce poate distruge treptat conexiunea cu partenerul nostru.

Pentru a gestiona impactul rănilor emoționale asupra relației de cuplu, este important să lucrăm în mod activ la vindecarea și conștientizarea acestora. Acest lucru poate include terapie individuală sau de cuplu, meditație, exerciții de mindfulness și alte tehnici de gestionare a stresului și a traumelor emoționale.

De asemenea, o comunicare deschisă și onestă cu partenerul nostru poate ajuta la identificarea și depășirea blocajelor emoționale în relație.

În concluzie, rănile emoționale pot afecta relația de cuplu într-o varietate de moduri, dar este posibil să le gestionăm și să le vindecăm pentru a construi o conexiune mai profundă și mai sănătoasă cu partenerul nostru.

Este important să recunoaștem și să lucrăm la propriile noastre răni emoționale pentru a nu lăsa trecutul să influențeze în mod negativ viitorul relației noastre.

O comunicare deschisă și sinceră între voi doi este primul pas esențial pentru a gestiona și vindeca rănile emoționale. Este important să vorbiți deschis despre sentimentele voastre, să ascultați cu empatie și să încercați să înțelegeți perspectiva și nevoile celuilalt.

De asemenea, este util să vă sprijiniți reciproc în procesul de vindecare, oferindu-vă unul altuia susținere emoțională și încurajare. Fiți disponibili să vă ascultați și să vă susțineți reciproc în momentele dificile, fără a judeca sau critica.

În plus, puteți lucra împreună pentru a identifica și înțelege originile rănilor emoționale, care ar putea proveni din experiențe traumă din copilărie, conflicte nerezolvate sau relații anterioare toxice. Împreună, puteți explora aceste aspecte și să lucrați pentru a le vindeca împreună.

Terapia de cuplu poate fi, de asemenea, un instrument valoros în gestionarea și vindecarea rănilor emoționale.

Un terapeut specializat în terapie de cuplu vă poate oferi instrumentele și resursele necesare pentru a vă îmbunătăți comunicarea, a vă rezolva conflictele și a vă construi o relație sănătoasă și fericită.

Amintiți-vă că vindecarea rănilor emoționale este un proces continuu și că este important să vă susțineți unul pe celălalt în această călătorie.

Lucrul în echipă cu partenerul de cuplu pentru a gestiona și vindeca rănile emoționale este un proces complex și necesită multă comunicare, încredere și empatie reciprocă.

Când ambii parteneri sunt dispuși să lucreze împreună pentru a face față și vindeca traumele și rănile emoționale, relația lor poate deveni mai puternică și mai sănătoasă.

Un exemplu este atunci când unul dintre parteneri suferă de anxietate sau depresie și are nevoie de suport emoțional din partea celuilalt. În loc să ignore sau să minimalizeze starea emoțională a partenerului, celălalt poate să îl asculte, să îl încurajeze să își exprime emoțiile și fricile și să îl sprijine în călătoria sa către vindecare.

De asemenea, lucrul în echipă pentru a gestiona și vindeca rănile emoționale poate implica recunoașterea și repararea conflictelor din trecut care au cauzat suferință în relație.

De exemplu, dacă unul dintre parteneri a fost trădat în trecut și are dificultăți în a-și depăși sentimentele de nesiguranță și de neîncredere, celălalt poate să fie empatic și să îl susțină în procesul de vindecare și de reconstruire a încrederii.

Important este să existe o deschidere și sinceritate reciprocă în relație pentru a putea gestiona și vindeca rănile emoționale. Este esențial să existe o comunicare deschisă și sănătoasă între parteneri, iar reținerea de emoții și resentimente poate împiedica procesul de vindecare și de întărire a relației. Prin colaborarea și susținerea reciprocă, partenerii pot crea un spațiu sigur și iubitor în care să se vindece și să devină mai puternici împreună.

Va propun 10 exercitii practice pentru a gestiona și vindeca ranile emotionale ale partenerului din cuplu:

1. Ascultați activ: Fiți dispus să ascultați partenerul fără să-l întrerupeți și să fiți prezenți în momentul în care vă împărtășește emoțiile sale. De exemplu, puteți spune: "Îmi pare rău că te-ai simțit astfel. Vreau să te ascult și să te înțeleg."

2. Arătați empatie: Încercați să vă puneți în locul partenerului și să încercați să înțelegeți de ce se simte astfel. De exemplu, puteți spune: "Îmi dau seama că acea situație te-a rănit și îmi pare rău că ai trecut prin asta."

3. Comunicați deschis: Fiți sinceri cu partenerul în legătură cu propriile emoții și cu modul în care vă afectează acestea. De exemplu, puteți spune: "Mă simt rănit/ă când vorbim despre acest lucru, dar vreau să găsim o soluție împreună."

4. Rezolvați conflictele în mod constructiv: Evitați să vă certați sau să vă acuzați reciproc și încercați să găsiți soluții pentru a gestiona conflictele într-un mod pașnic și constructiv.

5. Acordați timp și spațiu: Înțelegeți că vindecarea ranilor emoționale poate dura timp și că uneori partenerul ar putea avea nevoie de spațiu pentru a se vindeca și a se recupera.

6. Oferiți suport și încurajare: Fiți un sprijin pentru partenerul dumneavoastră și arătați-i că sunteți acolo pentru el/ea.
De exemplu, puteți spune: "Vreau să fie bine și voi face tot ce pot pentru a te ajuta să te vindeci."

7. Încurajați terapia de cuplu: Dacă simțiți că nu puteți face față singuri problemelor de cuplu, încurajați-vă partenerul să meargă la terapie de cuplu pentru a primi ajutor de la un profesionist.

8. Încurajați exprimarea emoțiilor: Încurajați partenerul să-și exprime emoțiile și să-și elibereze ceea ce simte într-un mod sănătos și constructiv.

9. Fiți răbdători și toleranți: Vindecarea ranilor emoționale poate fi un proces dificil și dureros, așa că fiți răbdători și toleranți cu partenerul dumneavoastră pe parcursul acestui proces.

10. Lucrați împreună pentru a construi o relație sănătoasă: Încercați să lucrați împreună pentru a construi o relație sănătoasă și echilibrată, bazată pe încredere, respect și comunicare deschisă.

"Vindecarea nu este un eveniment ci un proces, iar partenerul care iubește cu adevărat va sta alături de celălalt în acest proces, oferindu-i suport și înțelegere necondiționată."

8

CĂUTAȚI TERAPIE DE CUPLU SAU
TERAPIE INDIVIDUALĂ, DACĂ AVEȚI
NEVOIE DE AJUTOR SUPLIMENTAR.

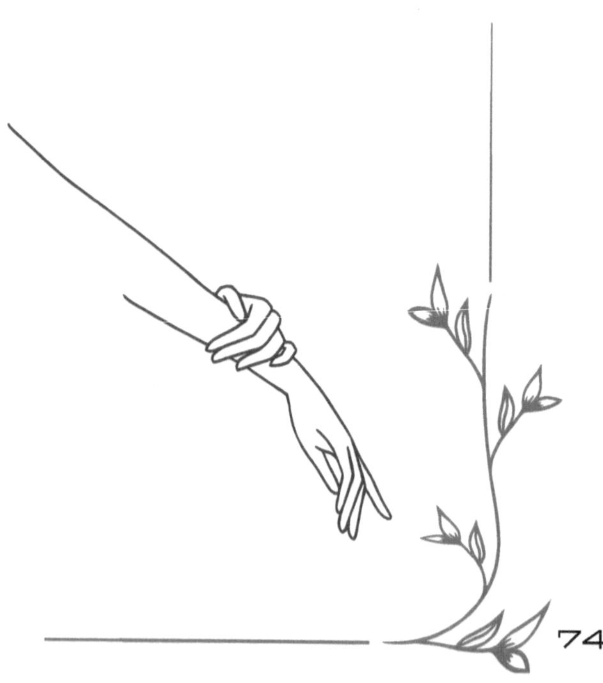

9

IDENTIFICAȚI ȘI DISCUTAȚI DESPRE TRAUMELE ȘI DURERILE EMOȚIONALE DIN TRECUT CARE VĂ AFECTEAZĂ RELAȚIA.

Capitolul 6

Cum ne putem vindeca rănile emoționale.
Strategii și tehnici pentru a vindeca rănile emoționale în relații.
Cum să începem procesul de vindecare și reconciliere cu propriile noastre răni.

Vindecarea rănilor emoționale este un proces complex și adesea dificil, care necesită timp, răbdare și angajament.
În primul rând, este important să recunoaștem că avem nevoie de ajutor și să avem deschidere pentru a primi susținere din partea celor din jur sau de la un terapeut.

Un prim pas în vindecarea rănilor emoționale este să ne confruntăm cu traumele sau cu evenimentele din trecut care ne-au afectat și să le acceptăm ca parte din istoria noastră. Este vital să învățăm să ne eliberăm de resentimente, de furie sau de durere, pentru a putea avansa și a ne reconstrui încrederea în noi înșine.

O altă parte importantă a vindecării este să lucrăm asupra relațiilor noastre cu ceilalți, să ne exprimăm emoțiile și să comunicăm deschis și sincer. Este esențial să învățăm să ne punem limite sănătoase și să ne respectăm pe noi înșine, pentru a evita să fim răniți în viitor.

De asemenea, este crucial să ne acordăm timp pentru a ne trata cu blândețe și compasiune. În loc să ne criticăm sau să ne judecăm, trebuie să ne îngrijim de noi înșine, să ne acordăm iertarea și să ne apreciem pentru tot ceea ce suntem.

Vindecarea rănilor emoționale poate fi un proces lung și uneori provocator, dar este unul care merită efortul. Odată ce reușim să ne eliberăm de trecut și să ne reconstruim încrederea și autoestima, vom putea experimenta o mai mare pace interioară și fericire în viața noastră. Este important să recunoaștem că suntem demni de iubire și de fericire, și că merităm să ne vindecăm și să ne reconstruim viața într-un mod sănătos și pozitiv.

Vindecarea rănilor emoționale este un proces terapeutic complex și necesar pentru a putea depăși traumele și dificultățile psihologice care ne afectează viața de zi cu zi. Este important să ne confruntăm cu aceste emoții dureroase și să le înțelegem în profunzime pentru a putea găsi alinare și vindecare.

Unul dintre principalele aspecte ale terapiei pentru vindecarea rănilor emoționale este terapia cu un psiholog specializat. Acesta va crea un spațiu sigur și înțelegător în care putem explora și procesa traumele și emoțiile pe care le-am reprimat sau ignorat de-a lungul timpului.

În timpul terapiei, putem învăța tehnici de gestionare a emoțiilor precum mindfulnes-ul, meditația sau tehnici de respirație care ne pot ajuta să ne regăsim echilibrul interior și să gestionăm mai bine stresul și anxietatea.

Un alt aspect important al vindecării emoționale este autocunoașterea și conștientizarea propriilor emoții și gânduri. Prin auto-reflecție și observarea atentă a propriilor reacții și comportamente putem identifica rănile emoționale și putem începe să lucrăm asupra lor pentru a ne vindeca și a ne elibera de greutatea trecutului.

Este important să învățăm să ne acceptăm vulnerabilitatea și să cerem ajutor atunci când avem nevoie. Să ne deschidem inima și să primim sprijinul celor dragi sau al unui terapeut pentru a ne vindeca rănile și a ne reconstrui încrederea în noi înșine și în ceilalți.

Vindecarea rănilor emoționale este un proces individual și personal, care necesită timp, răbdare și dedicare. Este esențial să ne permitem să simțim durerea și tristețea pentru a putea elibera aceste emoții și a ne vindeca. Dar este important și să ne amintim că suntem puternici și capabili să depășim orice obstacol atâta timp cât suntem hotărâți să facem schimbări în viața noastră.

Una dintre strategiile importante în vindecarea ranilor în cuplu este comunicarea deschisă și empatică. Este important să vă exprimați nevoile, sentimentele și dorințele într-un mod respectuos și să fiți receptiv la nevoile și sentimentele partenerului.

De exemplu, în loc să puneți vina pe partener pentru o situație conflictuală, puteți folosi formule de genul "Mă simt frustrat atunci când..." pentru a-ți exprima nevoile fără să acuziți.

De asemenea, manifestarea compasiunii și a empatiei față de partenerul tău este esențială în vindecarea ranilor. Poți arăta empatie prin ascultarea activă a problemelor și sentimentelor partenerului, oferindu-ți sprijinul și susținerea în momentele dificile și fiind deschis la compromisuri pentru a ajunge la o soluție care să fie benefică pentru amândoi.

Un alt aspect important în vindecarea ranilor în cuplu este să vă concentrați pe reconciliere și pe reconstruirea încrederii și a conexiunii. Puteți face asta prin recunoașterea greșelilor, cererea scuzei, îmbunătățirea comunicării și lucru împreună pentru a depăși problemele și pentru a crea o relație mai puternică și mai sănătoasă.

Este important să nu subestimați puterea comunicării și empatiei în vindecarea ranilor în cuplu și să fiți dispuși să lucrați împreună pentru a depăși problemele și pentru a vă construi o relație de cuplu armonioasă și solidă.

Strategii de vindecare a ranilor in cuplu:

- Comunicare deschisă și sinceră: Este important să vorbiți deschis despre problemele și sentimentele voastre, să ascultați cu atenție și să încercați să înțelegeți punctele de vedere ale partenerului.

- Rezolvarea conflictelor în mod constructiv: Învățați să gestionați conflictele într-un mod constructiv, evitând jignirile și criticile și concentrându-vă pe găsirea unor soluții împreună.

- Întărirea conexiunii emoționale: Petreceți timp de calitate împreună, faceți activități plăcute în doi și încercați să reconstruiți conexiunea emoțională din relația voastră.

- Înțelegerea și acceptarea diferențelor: Fiecare partener are propriile nevoi, dorințe și personalități. Învățați să acceptați și să respectați diferențele și să găsiți un echilibru în relația voastră.

- Consiliere și terapie de cuplu: Dacă aveți dificultăți în rezolvarea conflictelor sau în reconstruirea relației, puteți apela la un consilier sau terapeut de cuplu pentru a vă ajuta să vă înțelegeți mai bine și să vă rezolvați problemele.

- Iertarea și iubirea necondiționată: Învățați să iertați și să vă iubiți partenerul în ciuda greșelilor și imperfecțiunilor sale. Iubirea necondiționată și acceptarea reciprocă sunt esențiale pentru vindecarea ranilor în cuplu.

Tehnici pentru a vindeca rănile emoționale în relații:

- Terapie de cuplu: Una din cele mai eficiente metode pentru vindecarea rănilor emoționale în relații este terapia de cuplu. Un terapeut specializat poate ajuta la identificarea problemelor, la comunicarea eficientă și la găsirea soluțiilor pentru a depăși conflictul.

Exemplu: Un cuplu care se confruntă cu probleme de comunicare și încredere poate apela la terapie pentru a învăța cum să își exprime mai bine nevoile, temerile și să lucreze împreună pentru a-și reconstrui încrederea reciproca.

- Practicarea empatiei: Fiecare partener trebuie să fie capabil să își pună în locul celuilalt și să încerce să înțeleagă și să valideze emoțiile și experiențele acestuia. A fi empatic poate ajuta la vindecarea rănilor emoționale și la construirea unei relații mai sănătoase.

Exemplu: Dacă unul dintre parteneri se simte rănit sau neglijat din cauza unui comportament al celuilalt, este important ca acesta să fie empatic și să încerce să înțeleagă perspectiva și emoțiile celuilalt pentru a ajuta la vindecarea acelei răni.

- Comunicare deschisă și sinceră: O comunicare corectă și deschisă este cheia în rezolvarea problemelor și vindecarea rănilor emoționale în relații. Partenerii trebuie să fie sinceri și să își exprime cu claritate gândurile, sentimentele și nevoile.

Exemplu: Dacă unul dintre parteneri se simte neglijat sau nesuținut în relație, este important ca acesta să își exprime aceste sentimente celuilalt într-un mod calm și respectuos, pentru a putea identifica cauza problemei și găsi soluții împreună.

Procesul de vindecare a rănilor noastre interioare începe atunci când ne confruntăm cu emoțiile și traumele noastre trecute, și începem să le acceptăm și să le procesăm. Acest lucru poate fi un proces dificil și dureros, dar este esențial pentru a ne elibera de durere și suferință.

Un prim pas în această direcție este conștientizarea propriilor noastre răni și acceptarea faptului că acestea există. Apoi, putem începe să lucrăm la procesarea acestora, de obicei cu ajutorul unui terapeut sau prin diferite tehnici de autocunoaștere și autocunoaștere.

Este important să ne acordăm timpul și spațiul necesar pentru a ne vindeca încet și în profunzime rănile noastre. Acest proces poate implica iertarea sinelui și a celor care ne-au rănit, învățarea să ne îngrijim și să ne iubim pe noi înșine și să construim relații sănătoase și autentice cu cei din jur.

Procesul de vindecare a rănilor noastre ne poate aduce o mai mare înțelegere de sine, pace interioară și reînnoire a încrederii în noi înșine și în viață. Este o călătorie care necesită curaj, dar care poate aduce multă bucurie și împlinire.

Procesul de vindecare a propriilor răni emoționale poate fi dificil și solicitant, însă este un pas important către îmbunătățirea stării noastre de bine și a relațiilor noastre cu ceilalți. Primul pas în acest proces este conștientizarea și acceptarea faptului că avem răni emoționale care necesită vindecare.

Este important să identificăm cauza acestor răni emoționale și să ne cunoaștem mai bine pe noi înșine pentru a înțelege de ce anumite evenimente sau experiențe ne-au afectat într-un anumit fel. Prin explorarea sentimentelor noastre, putem descoperi motivele profunde ale suferinței noastre și putem începe procesul de vindecare.

Un alt pas important în vindecarea rănilor emoționale este să adoptăm o abordare empatică față de noi înșine și să ne acordăm timpul și spațiul necesare pentru a ne vindeca. Este important să ne permitem să simțim și să exprimăm emoțiile noastre negândite și să învățăm să ne iertăm pentru greșelile pe care le-am făcut sau pentru durerea pe care am cauzat-o altora.

De asemenea, este benefic să căutăm ajutorul unui terapeut sau consilier specializat în lucrul cu rănile emoționale, pentru a primi suport și îndrumare pe tot parcursul procesului de vindecare. Terapia poate oferi un cadru sigur și susținător în care să explorăm mai adânc traumele noastre și să învățăm strategii eficiente pentru a ne vindeca și a crește în mod sănătos emoțional.

Este important să avem răbdare și să ne acordăm timpul necesar pentru a ne vindeca rănile emoționale. Fiecare persoană are propriul ritm de vindecare și este important să ne respectăm acest ritm și să fim blânzi cu noi înșine pe tot parcursul acestui proces dificil, dar benefic pentru sănătatea noastră emoțională.

Procesul de vindecare a propriilor răni emoționale este unul în curs de desfășurare și poate fi diferit pentru fiecare persoană în parte. Totuși, există câteva strategii generale pe care le putem folosi pentru a începe acest proces:

- Recunoașterea și conștientizarea rănilor emoționale - Primul pas în vindecarea rănilor emoționale este să le recunoști și să le identifici. Poate fi util să te oprești și să te gândești la momentele din trecut care au putut afecta emoțional și să încerci să identifici sursele acestor răni.

- Acceptarea și iertarea - După ce ai identificat rănile emoționale, este important să le accepți și să începi să lucrezi la iertarea celor implicați. Acest lucru poate fi extrem de dificil, dar este esențial pentru vindecare. Este important să înțelegem că iertarea nu înseamnă să justificăm acțiunile celorlalți, ci să eliberăm resentimentele și durerea pe care le purtăm.

- Lucrul cu un terapeut sau consilier - Pentru a gestiona și vindeca rănile emoționale profunde, este recomandat să lucrezi cu un terapeut sau consilier. Aceștia pot oferi un mediu sigur și susținător în care poți explora și procesa emoțiile și traumele din trecut.

- Găsirea unei modalități de exprimare a emoțiilor - Pentru a vindeca rănile emoționale, este important să găsești modalități să-ți exprimi și să-ți eliberezi emoțiile. Acest lucru poate include scrierea jurnalului, practicarea artei sau a exercițiilor fizice precum yoga sau alergarea.

- Practicarea autocompătimirii și auto-îngrijirii - Pe măsură ce lucrezi la vindecarea rănilor emoționale, este important să ai grijă de tine și să-ți acorzi timp pentru autocompătimire și îngrijire. Aceasta poate include sănătatea mentală și fizică, odihna și practicarea auto-îngrijirii și auto-înțelegerii.

Vindecarea rănilor emoționale poate dura mult timp și nu se va întâmpla peste noapte. Este un proces delicat și complex, dar cu efort și angajament, este posibil să trecem mai departe și să trăim o viață mai echilibrată și fericită.

Va propun 10 exercitii practice pentru procesul de vindecare și reconciliere cu propriile noastre răni in relatia de cuplu.

1. Reflectează asupra propriilor răni și traume din trecut care pot influența relația de cuplu. Identifică ce tip de comportamente sau reacții declanșează aceste răni și lucrează pentru a le înțelege și vindeca.

Exemplu: Dacă ai avut o relație anterioară în care ai fost înșelat, este posibil să dezvolți încredere și probleme de încredere în relația actuală. Identifică aceste sentimente și lucrează pentru a le gestiona într-un mod sănătos.

2. Comunică deschis și sincer cu partenerul tău despre rănile și vulnerabilitățile tale. Fii dispus să împărtășești experiențele tale și să asculți pe ale lui pentru a construi o conexiune mai profundă și de încredere.

Exemplu: Dacă simți că partenerul tău te neglijează sau te rănește cu anumite acțiuni sau cuvinte, comunică-le calm și deschis. Explică-i modul în care aceste lucruri te afectează și ce ai nevoie pentru a te simți în siguranță și iubit.

3. Practică empatia și înțelegerea reciprocă. Încurajează-te să vezi perspectiva și sentimentele partenerului tău și să îți exprimi recunoștința și prețuirea pentru ceea ce aduce el în relația voastră.

Exemplu: Dacă partenerul tău are trăiri emoționale intense din cauza unor traume sau dificultăți personale, încurajează-l să îți împărtășească sentimentele lui și oferă-i sprijinul și iubirea ta necondiționată.

4. Practică iertarea și eliberarea. Acceptă că este normal să ai conflicte și să te rănești reciproc în relația de cuplu, dar lucrează pentru a ierta și elibera aceste răni pentru a construi un viitor mai luminos împreună.

Exemplu: Dacă partenerul tău a făcut ceva care te-a rănit sau jignit, acordă-i iertare și încurajează-l să fie conștient de greșelile lui și să își asume responsabilitatea pentru ele. Învață să lași trecutul în urmă și să construiești o relație mai solidă și mai înțelegătoare.

5. Investește timp și energie în cunoașterea personală și dezvoltarea personală. Lucrează pentru a-ți îmbunătăți abilitățile de comunicare, gestionare a conflictelor și a stresului și să îți crești stima de sine pentru a construi o relație de cuplu sănătoasă și fericită.

Exemplu: Participă la terapie individuală sau de cuplu pentru a învăța cum să te auto-reglezi și să îți exprimi emoțiile într-un mod sănătos și constructiv. Citește cărți și resurse despre dezvoltarea personală și relațională pentru a-ți îmbunătăți relația de cuplu.

6. Stabilește limite clare și respectă-le. Comunică-ți nevoile, dorințele și confortul tău cu partenerul tău și asigură-te că respectați limitele și granițele reciproc.

Exemplu: Dacă simți că partenerul tău îți invadează spațiul personal sau te presionează să faci lucruri care te fac să te simți inconfortabil, exprimă-ți limitele și asigură-te că sunt respectate. Fii clar și consecvent în comunicarea ta pentru a evita conflictele și neînțelegerile.

7. Practică compasiunea și acceptarea de sine. Învață să te ierți și să te accepți așa cum ești, cu toate imperfecțiunile și rănile tale, pentru a putea vindeca și reconcilia cu tine însuți și cu partenerul tău.

Exemplu: Recunoaște-ți si acceptă-ți motivele și vulnerabilitățile tale în relația de cuplu și îngrijorează-te să practici compasiunea și înțelegerea de sine. Fii deschis să îți recunoști greșelile și să îți asumi responsabilitatea pentru ele pentru a construi o legătură mai profundă și mai autentică cu partenerul tău.

8. Învață să lupți corect și constructiv.Evită critica sau jignirile și încurajează un dialog deschis și respectuos pentru a rezolva conflictele și problemele într-un mod sănătos și productiv.

Exemplu: Dacă apar neînțelegeri sau conflicte în relația de cuplu, încurajează-ți să comunici calm și respectuos cu partenerul tău. Ascultă-l și încurajează-l să îți explice sentimentele și perspectivele lui pentru a găsi soluții la problemele voastre împreună.

9. Practică recunoștința și mulțumirea reciprocă. Fii recunoscător pentru contribuția și prezența partenerului tău în viața ta și exprimă-ți aprecierea și mulțumirea pentru tot ceea ce aduce el în relația voastră.

Exemplu: Împărtășește cu partenerul tău lucrurile pentru care îți ești recunoscător în viața ta și în relația voastră. Oferă-i cuvinte de apreciere și mulțumire pentru sprijinul, iubirea și devotamentul lui pentru a construi o relație mai puternică și mai conectată.

10. Lucrează împreună pentru a crea un mediu sigur și de încredere în relația voastră. Fii deschis pentru a-ți exprima fricile, îngrijorările și nevoile tale și colaborează cu partenerul tău pentru a vindeca și a întări relația voastră.

Exemplu: Stabiliți împreună reguli și proceduri pentru a respecta încrederea și intimitatea reciprocă. Stabilii un mediu sigur și de sprijin pentru a aborda problemele și rănile din relația de cuplu și pentru a construi o fundație solidă pentru viitorul vostru împreună.

"Vindecarea și reconcilierea cu propriile noastre răni într-o relație de cuplu necesită curajul de a ne privi în oglindă și de a recunoaște că suntem vulnerabili. Este un proces care poate fi dificil și dureros, dar este singurul mod de a ne elibera de povara trecutului și de a ne construi o relație autentică și sănătoasă."

10

PETRECEȚI TIMP DE CALITATE
ÎMPREUNĂ ȘI FACEȚI ACTIVITĂȚI
CARE VĂ ADUC BUCURIE ȘI
ÎMPLINIRE.

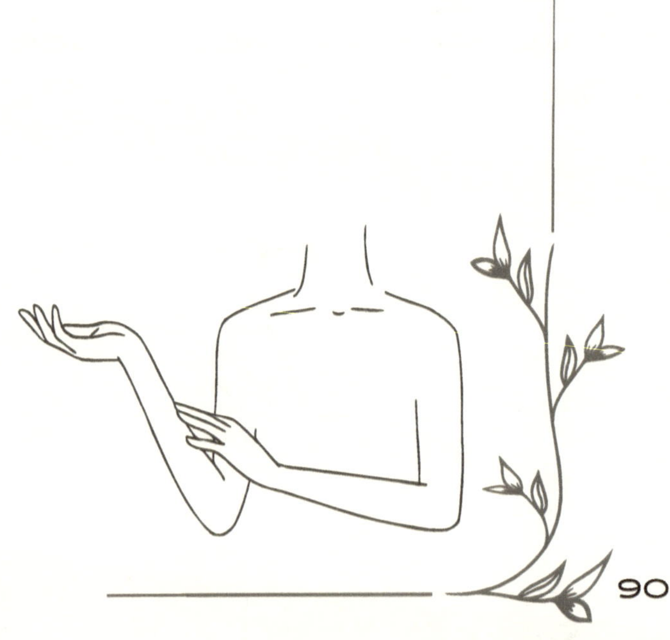

11

GĂSIȚI MODALITĂȚI SĂ CONSTRUIȚI ÎNCREDEREA ȘI SECURITATEA ÎN RELAȚIE.

Capitolul 7

Iertarea și eliberarea vindecării.
Importanța iertării în procesul de vindecare a rănilor emoționale.
Cum putem să ne eliberăm de durerile și resentimentele trecute pentru a ne vindeca relația.

Atunci când cineva ne rănește, adesea păstrăm această durere în noi și nu reușim să o eliberăm. Iertarea este un act de eliberare a acestei dureroase, care ne permite să ne vindecăm și să ne eliberăm de povara pe care o purtăm.

Prin iertare, nu numai că eliberăm persoana care ne-a rănit, dar ne eliberăm și pe noi înșine. Ne eliberăm de furie, resentimente și suferință, și putem să ne eliberăm de acea povară grea pe care o purtăm. De asemenea, iertarea ne ajută să ne reconstruim încrederea în noi înșine și în ceilalți, și să ne deschidem din nou inimile către iubire și conexiune.

Iertarea este un proces care poate dura mult timp și poate fi dificil uneori, dar este esențial pentru vindecarea noastră emoțională. Este important să ne dăm seama că iertarea nu înseamnă că ceea ce s-a întâmplat a fost corect sau justificat, ci că suntem gata să eliberăm acea durere și să mergem mai departe în viață.

Prin practicarea iertării, putem experimenta o eliberare profundă și o vindecare a ranilor noastre emoționale, deschizându-ne drumul către pacea interioară și fericirea autentică.

Iertarea și eliberarea sunt două procese importante în vindecarea rănilor emoționale într-o relație de cuplu. Iertarea implică acceptarea și eliberarea resentimentelor și durerea provocată de greșelile sau comportamentul partenerului. Este un act de iubire și generozitate față de celălalt și față de sine însuși.

Eliberarea presupune eliberarea emoțiilor negative reținute în legătură cu situația sau persoana care a provocat rănirea. Este important să recunoaștem și să onorăm aceste emoții, să le acceptăm și să le eliberăm pentru a ne putea vindeca și pentru a putea merge mai departe în relație.

Prin iertare și eliberare, putem renunța la resentimente și la povara trecutului și putem repara relația cu partenerul nostru. Este un proces care necesită timp, răbdare și angajament, dar care poate aduce vindecare și transformare în relația de cuplu. Este important să ne acordăm să avem grijă de noi înșine și de partenerul nostru în acest proces și să fim deschiși să ne înțelegem și să ne susținem reciproc în călătoria către vindecare și împăcare.

Iertarea și eliberarea sunt două aspecte extrem de importante în vindecarea rănilor emoționale într-o relație de cuplu

Iertarea presupune acceptarea faptului că partenerul a greșit și eliberarea de resentimente sau dorința de răzbunare, în timp ce eliberarea înseamnă să te eliberezi de emoțiile negative asociate cu acea povară emoțională.

De exemplu, să spunem că unul dintre parteneri este infidel și celălalt simte o durere profundă și o încredere zdruncinată. Pentru a vindeca această rană emoțională, partenerul care a fost înșelat trebuie să își exprime durerea și furia, iar celălalt trebuie să își recunoască greșeala și să își asume responsabilitatea pentru ea.

Iertarea vine apoi atunci când partenerul înșelat acceptă faptul că nu poate schimba trecutul și decide să renunțe la resentimente pentru a putea merge mai departe în relație. Eliberarea intervine atunci când cei doi parteneri își exprimă iertarea și reușesc să lase în urmă durerea și rănile trecutului, construind astfel o legătură mai puternică și mai sănătoasă între ei.

Înțelegerea și acceptarea reciprocă, comunicarea deschisă și onestă, precum și angajamentul de a lucra împreună pentru a vindeca rănile emoționale sunt cruciale în procesul de iertare și eliberare într-o relație de cuplu. Este important să nu uităm că iertarea și eliberarea nu înseamnă să îi aștepți pe ceilalți să îți ceară iertare sau să își recunoască greșelile, ci să te eliberezi tu însuți de povara emoțională pentru binele tău și al relației voastre.

Iertarea este foarte importanta în procesul de vindecare a rănilor emoționale în cuplu,deoarece contribuie la reconstruirea încrederii, a comunicării și a conexiunii emoționale.

Atunci când partenerii într-o relație își iartă unul pe celălalt pentru greșelile trecute, ei pot elibera resentimentele și rănile emoționale care i-au afectat relația. Acest lucru permite un spațiu pentru vindecare și reconstruirea unei conexiuni noi și mai puternice.

Iertarea în cuplu poate, de asemeneo, să ajute la îmbunătățirea comunicării și la creșterea nivelului de încredere reciprocă. Când partenerii își iartă unul pe celălalt, ei devin mai deschiși și mai dispuși să comunice deschis și sincer, ceea ce contribuie la stabilirea unei relații mai sănătoase și mai echilibrate.

De asemenea, iertarea în cuplu poate să ajute la dezvoltarea empatiei și a compasiunii reciprocă. Atunci când un partener își recunoaște greșeala și își cere iertare, iar celălalt partener este dispus să ofere iertare și să nu aducă aminte de greșeala trecută în mod constant, se creează un spațiu în care ambii parteneri se pot simți înțeleși, acceptați și susținuți.

Iertarea este un element crucial în procesul de vindecare a rănilor emoționale în cuplu, deoarece contribuie la reconstruirea încrederii, a comunicării și a conexiunii emoționale dintre parteneri. Este important să fie practicată în mod constant și sincer într-o relație pentru a asigura creșterea și întărirea acesteia pe termen lung.

Iertarea este un act puternic de eliberare a tuturor durerilor și resentimentelor din trecut care pot afecta relația noastră cu cei din jurul nostru. Atunci când ținem laolaltă aceste emoții negative, ele ne pot împiedica să ne conectăm cu cei dragi și să avem relații sănătoase și armonioase.

Prin iertare, ne eliberăm din lanțurile trecutului și ne permitem să ne vindecăm relațiile, să ne reconectăm cu cei din jur și să fim mai deschiși și mai înțelegători. Iertarea nu înseamnă că cei care ne-au rănit nu trebuie să își asume responsabilitatea pentru acțiunile lor, ci înseamnă că ne eliberăm noi înșine de povara resentimentelor și durerilor și ne permitem să mergem mai departe.

Atunci când reușim să iertăm, putem să privim în trecut cu înțelegere și cu compasiune pentru noi înșine și pentru cei care ne-au rănit. Putem să ne deschidem inima către iubire și să ne bucurăm de relații mai profunde și mai autentice.

Iertarea nu este un proces ușor și uneori poate dura mult timp să ne eliberăm complet de resentimentele noastre. Dar cu răbdare, înțelegere și iubire pentru noi înșine și pentru ceilalți, putem reuși să ne vindecăm relațiile și să fim mai fericiți și mai încrezători în viitor.

Pentru a vindeca o relație și a elibera durerile și resentimentele din trecut, este important să ne deschidem și să fim sinceri cu noi înșine și cu partenerul nostru.

Primul pas este să recunoaștem și să acceptăm emoțiile noastre, indiferent cât de dureroase ar fi. Apoi, putem încerca să identificăm cauzele acestor resentimente și să le discutăm deschis și sincer cu partenerul nostru. Comunicarea este cheia în sănătatea unei relații, așa că este important să ne exprimăm nevoile și fricile noastre în mod deschis și empatic.

De asemenea, este important să ne iertăm și să iertăm pe cei din trecut care ne-au rănit. Iertarea nu înseamnă că ceea ce s-a întâmplat a fost corect sau ușor de trecut cu vederea, ci că suntem dispuși să ne eliberăm de durerile și resentimentele care ne-au afectat relația și să mergem înainte.

Important este să avem încredere în noi înșine și în partenerul nostru și să lucrăm împreună pentru a reconstrui și vindeca relația noastră.

Iată câteva sfaturi practice pentru a ne elibera de durerile și resentimentele trecute și pentru a ne vindeca relația:

- Reflectați asupra emoțiilor dvs.: Identificați și recunoașteți sentimentele negative pe care le purtați în legătură cu relația dvs. Trecerea în revistă a acestor emoții vă poate ajuta să înțelegeți sursa lor și să găsiți modalități de a le elibera.

- Comunicare deschisă: Discutați sincer și deschis cu partenerul dvs. despre sentimentele dvs. negative și despre cum vă afectează relația. Comunicarea sinceră poate ajuta la eliminarea resentimentelor și la reconstruirea încrederii.

- Practicați iertarea: Învățați să iertați atât pe partenerul dvs., cât și pe voi înșivă pentru greșelile din trecut. Iertarea este un act de eliberare emoțională care vă poate ajuta să renunțați la resentimente și să vă vindecați relația.

- Acceptați schimbarea: Recunoașteți faptul că oamenii și relațiile evoluează și se schimbă în timp. Acceptați că trecutul nu poate fi schimbat și concentrați-vă în mod activ asupra prezentului și a viitorului relației dvs.

- Terapie de cuplu: Dacă durerile și resentimentele persistă și afectează în mod semnificativ relația dvs., luați în considerare posibilitatea de a participa la terapie de cuplu. Un terapeut specializat vă poate ajuta să explorați și să rezolvați problemele emoționale și relaționale într-un mediu sigur și de sprijin.

Pentru a ne elibera de durerile trecute și a ne vindeca relația, este important să înțelegem și să lucrăm la vindecarea noastră personală. Iată câteva lucruri pe care le putem face:

- Recunoaște și acceptă durerea trecută: Este important să recunoaștem că avem răni emoționale sau dureri din trecut care au afectat relația noastră. Acceptarea acestor dureri este primul pas în vindecarea lor.

Exemplu: Dacă am fost răniți în trecut de o altă relație sau de un eveniment traumatic, este important să recunoaștem această durere și să acceptăm că aceasta ne afectează relația actuală.

- Comunică deschis și sincer: Comunicarea este cheia în orice relație și este important să vorbim despre trăirile noastre, temerile și nevoile noastre cu partenerul nostru.

Exemplu: Dacă suntem afectați de durerile trecute și simțim că acestea ne afectează relația, putem să discutăm deschis cu partenerul nostru și să împărtășim ce simțim pentru a găsi soluții împreună.

- Iertă și lasă în urmă trecutul: Iertarea este un proces important în eliberarea de durerile trecute și este esențial să învățăm să iertăm atât pe noi înșine, cât și pe cei care ne-au rănit.

Exemplu: Dacă suntem răniți în trecut de partenerul nostru sau de alte persoane, este important să lucrăm la iertarea lor pentru a ne putea elibera de această durere și a continua să construim o relație sănătoasă.

- Caută ajutor profesional: Uneori, durerile trecute pot fi atât de adânci încât avem nevoie de ajutor profesional pentru a le depăși. Terapia individuală sau de cuplu poate fi o modalitate eficientă de a ne vindeca și de a reconstrui relația noastră.

Exemplu: Dacă simțim că nu putem gestiona durerile trecute singuri sau că acestea afectează în mod semnificativ relația noastră, putem să căutăm ajutorul unui terapeut pentru a ne ghida în procesul de vindecare și recuperare a relației.

În concluzie, pentru a ne elibera de durerile trecute și a ne vindeca relația, este important să recunoaștem, să comunicăm, să iertăm și să căutăm ajutor atunci când este necesar. Prin conștientizarea și lucrul cu propriile noastre trăiri, putem construi o relație sănătoasă și echilibrată în care amândoi ne simțim împliniți și fericiți.

Va propun 10 exercitii practice ca sa ne eliberăm de durerile și resentimentele trecute pentru a ne vindeca relația.

1. Scrie o scrisoare de iertare către persoana care te-a rănit și exprimă-ți toate sentimentele negative pe care le ai legate de acea situație. Apoi, arde scrisoarea pentru a simboliza eliberarea de resentimente.

2. Practică meditația și vizualizarea vindecării relației și iertării. Imaginează-ți cum toate durerile și resentimentele din trecut se topesc și cum stabilești o relație sănătoasă și echilibrată cu persoana respectivă.

3. Vorbește deschis și sincer cu persoana care te-a rănit și exprimă-ți sentimentele fără să judeci sau să critici. Fii deschis pentru a asculta și a înțelege punctul de vedere al celuilalt.

4. Practică terapia sau consilierea în cuplu pentru a găsi modalități să comunicați mai eficient și să vă eliberați de resentimente și conflicte.

5. Fă o listă cu toate aspectele pozitive ale relației și ale persoanei cu care ai avut conflicte și concentrează-te pe aceste aspecte pentru a-ți schimba perspectiva asupra situației.

6. Exersează autocunoașterea și auto-reflecția pentru a identifica și înțelege de ce te simți rănit sau resentimentat și ce anume trebuie să lucrezi pentru a te vindeca și a-ți vindeca relația.

7. Practică iertarea de sine și învață să îți accepți și să îți ierți greșelile și vulnerabilitățile. Fii blând cu tine însuți și învață să te iubești necondiționat.

8. Exersează compasiunea și empatia față de persoana care te-a rănit și încearcă să îți pui în locul ei pentru a înțelege motivațiile și suferințele ei.

9. Practică recunoștința și aprecierea pentru toate lecțiile învățate din aceste experiențe și pentru oportunitatea de a te dezvolta și de a-ți întări relația.

10. Fă o schimbare de perspectivă și privește aceste dureri și resentimente ca pe oportunități de creștere și evoluție personală. Învață să te desprinzi de trecut și să trăiești în prezent, cu iubire și compasiune pentru tine și pentru ceilalți.

"Nu putem vindeca relația noastră fără a ne elibera de durerea din trecut. Numai atunci când ne permitem să renunțăm la resentimente și regrete putem într-adevăr să ne reconstruim legătura și să ne vindecăm reciproc." - Confucius

12

PRACTICAȚI EMPATIA ȘI COMPASIUNEA RECIPROCĂ.

13

ÎNVĂȚAȚI SĂ VĂ SETAȚI LIMITE SĂNĂTOASE ȘI SĂ LE RESPECTAȚI RECIPROC.

Capitolul 8

Construirea unei relații sănătoase după vindecarea ranilor emoționale.

Cum putem construi o relație mai puternică și mai sănătoasă după vindecarea ranilor emoționale.

Cum putem comunica eficient și împărtăși nevoile și dorințele noastre într-un mod sănătos.

Vindecarea ranilor emoționale este un proces lung și uneori dificil, dar este crucială pentru a putea construi o relație sănătoasă în viitor. După ce am lucrat la vindecarea noastră și am depășit traumele sau problemele din trecut, este esențial să fim conștienți de modul în care aceste experiențe ne influențează relațiile.

Primul pas pentru a construi o relație sănătoasă după vindecarea ranilor emoționale este să fim sinceri și deschiși în comunicare. Este important să putem vorbi despre emoțiile noastre, temerile noastre și nevoile noastre, pentru a evita conflictul și neînțelegerile care pot apărea atunci când nu comunicăm în mod corespunzător.

De asemenea, este esențial să ne acordăm timp pentru a ne cunoaște reciproc și pentru a învăța să ne înțelegem și să ne respectăm unii pe alții.

Acest lucru poate implica participarea la activități comune, petrecerea timpului împreună și sprijinirea unul pe altul în momentele dificile.

În plus, este important să ne asigurăm că avem așteptări realiste pentru relația noastră și să fim dispuși să lucrăm la rezolvarea conflictelor sau problemelor care pot apărea în timp. În loc să ignorăm sau să evităm problemele, este important să le confruntăm și să căutăm soluții împreună.

O relație sănătoasă după vindecarea rănilor emoționale implică angajamentul reciproc și dorința de a lucra împreună pentru a construi un parteneriat solid și de durată.

Prin acceptarea și iertarea trecutului, putem să ne concentrăm asupra prezentului și să creăm o bază solidă pentru viitorul nostru împreună.

.După vindecarea rănilor emoționale, este important să construim relații sănătoase pentru a ne putea bucura de o viață împlinită și fericită.

- Comunicarea deschisă și sinceră este esențială. Fii dispus să împărtășești gândurile, sentimentele și emoțiile tale cu partenerul tău și să-l asculți cu atenție în return. Este important să vorbiți despre problemele sau nevoile voastre și să găsiți soluții împreună.

- Încrederea și respectul reciproc sunt fundamentale într-o relație sănătoasă. Construirea unei baze solide de încredere și respect între tine și partenerul tău înseamnă să fii onest, să fii consecvent în acțiunile tale și să-i respecți nevoile și limitele.

- Susținerea reciprocă în momente de dificultate este esențială pentru o relație sănătoasă. Fii acolo pentru partenerul tău atunci când are nevoie de sprijin și încurajare, și așteaptă același lucru în return. Fiți unul pentru celălalt suportul de care aveți nevoie în momentele grele.

- Iubirea și aprecierea reciprocă trebuie să fie prezente în mod constant în relația voastră. Nu uita să-ți arăți recunoștința și iubirea față de partenerul tău în mod regulat, prin gesturi mici și mari, cuvinte și fapte.

- Autocunoașterea și dezvoltarea personală continuă sunt importante și pentru o relație sănătoasă. Fiecare partener trebuie să fie conștient de propriile nevoi, aspirații și limite, și să lucreze constant la îmbunătățirea sa pentru a putea contribui în mod pozitiv la relație.

Vindecarea rănilor emoționale este un proces delicat și esențial pentru a ne putea construi relații mai puternice și mai sănătoase în viitor.

Atunci când ne confruntăm cu traume sau experiențe dureroase din trecut, acestea pot afecta modul în care ne raportăm la ceilalți și la noi înșine.

Pentru a reuși să ne vindecăm rănile emoționale, este important să lucrăm cu un terapeut sau specialist în sănătate mintală care să ne ghidă și să ne ofere instrumentele necesare pentru a ne elibera de durere și suferință. Este important să ne confruntăm cu emoțiile negative și să le acceptăm, în loc să le reprinim sau să le minimalizăm.

Pe măsură ce ne vindecăm, putem învăța să ne iertăm pe noi înșine și pe cei din jurul nostru pentru greșelile și suferințele din trecut. Fără această iertare, nu putem construi relații sănătoase și autentice, deoarece vom purta bagajul emoțional al trecutului cu noi în prezent.

Atunci când suntem capabili să ne vindecăm rănile emoționale, putem să ne deschidem inimile și să ne conectăm cu ceilalți într-un mod mai autentic și empatic. Putem să dezvoltăm încredere în noi înșine și în cei din jurul nostru, să ne simțim în siguranță și să ne exprimăm nevoile și dorințele într-un mod sănătos și constructiv.

Vindecarea rănilor emoționale ne poate ajuta să ne construim relații mai puternice și mai sănătoase, bazate pe respect, înțelegere și iubire reciproce. Este un proces continuu și dificil, dar cu răbdare și dedicație, putem ajunge să ne simțim mai bine în pielea noastră și să avem relații mai fericite și împlinite.

Comunicarea eficientă a nevoilor noastre în cuplu este esențială pentru menținerea unei relații sănătoase și fericite. Este important să fim deschiși și sinceri unul cu celălalt, pentru a putea exprima clar ceea ce simțim și avem nevoie.

Primul pas în dezvoltarea unei comunicări eficiente în cuplu este să fim conștienți de propriile noastre nevoi și dorințe. Este important să ne cunoaștem pe noi înșine și să fim capabili să identificăm ceea ce ne face fericiti sau ne deranjează în relație. Apoi, trebuie să fim deschiși și pregătiți să discutăm aceste nevoi cu partenerul nostru.

Este esențial să fim sinceri și să exprimăm clar ceea ce simțim, fără a ne teme de reacțiile sau judecățile celuilalt. Este important să fim empatici și să ascultăm cu atenție ceea ce partenerul nostru are de spus, fără să îl judecăm sau să îl invalidăm.

De asemenea, trebuie să fim receptivi la feedback și să ne străduim să găsim soluții în comun pentru a satisface nevoile noastre și ale celuilalt. Este important să căutăm un echilibru în relație și să fim dispuși să facem compromisuri pentru a menține o comunicare eficientă și sănătoasă.

Comunicarea eficientă a nevoilor noastre în cuplu ne ajută să ne simțim mai conectați și mai apropiați de partenerul nostru. Este un proces continuu de învățare și adaptare, dar este un pas esențial pentru menținerea unei relații fericite și împlinite.

Un exemplu de comunicare eficientă a nevoilor în cuplu ar putea fi atunci când unul dintre parteneri simte că nu primește suficientă atenție din partea celuilalt. În loc să își reprime sentimentele și să se simtă frustrat sau neglijat, partenerul ar trebui să își exprime deschis nevoia de a petrece mai mult timp împreună sau de a avea mai multe momente de intimitate. Prin comunicarea sinceră a acestor nevoi, cei doi pot să găsească soluții împreună, cum ar fi stabilirea unui program mai flexibil sau planificarea unor activități speciale în doi.

De asemenea, este important ca cei doi parteneri să fie deschiși și receptivi la nevoile celuilalt și să fie dispuși să asculte fără judecată. Comunicarea eficientă în cuplu presupune și capacitatea de a accepta și de a oferi feedback constructiv pentru a depăși eventualele neînțelegeri sau conflicte.

Prin practicarea unei comunicări deschise și respectuoase, cei doi parteneri pot construi o relație solidă și sănătoasă, în care nevoile și dorințele fiecăruia sunt înțelese și respectate.
Comunicarea eficienta a nevoilor in cuplu este esentiala pentru o relatie sanatoasa si armonioasa.
Iata cum poti comunica nevoile tale intr-un mod sanatos:

1. Fii sincer si deschis: exprima-ti nevoile si dorintele intr-un mod sincer si transparent, fara sa ascunzi sau sa distorsionezi adevarul.

2. Asculta si intelege-nevoile partenerului: este important sa fii atent la nevoile si dorintele partenerului tau si sa incerci sa le intelegi pentru a gasi solutii comune.

3. Fii empatic: arata empatie fata de nevoile partenerului tau si incerci sa te pui in locul sau pentru a-i intelege mai bine sentimentele si perspectivele.

4. Comunica clar si fara reprosuri: evita sa folosesti reprosuri sau acuzatii atunci cand iti exprimi nevoile, ci foloseste un limbaj clar si respectuos.

5. Negociaza si gaseste solutii comune: atunci cand exista diferite nevoi sau dorinte in cuplu, este important sa negociezi si sa gasesti solutii care sa satisfaca ambele parti pentru a mentine echilibrul si armonia in relatie.

Comunicarea eficientă a dorințelor noastre în cuplu este esențială pentru menținerea unei relații sănătoase și fericite. Este important să ne exprimăm nevoile, dorințele și sentimentele noastre într-un mod deschis și sincer, fără a ține lucruri ascunse sau a lăsa loc pentru presupuneri sau interpretări greșite.

Pentru a comunica eficient în cuplu, este important să avem încredere unul în celălalt și să fim deschiși la ascultare și înțelegere. Trebuie să fim onesti si sinceri în relația noastră și să ne exprimăm nevoile fără a ne teme de judecăți sau critici din partea partenerului.

O modalitate eficientă de a-ți exprima dorințele în cuplu este prin comunicare directă și non-defensivă. Încercați să vă exprimați sentimentele și nevoile fără a acuza sau a critica partenerul. Folosiți „eu" în loc de „tu" pentru a evita conflictul și pentru a menține un dialog deschis și constructiv.

De asemenea, este important să fim deschiși la feedback și să ne ascultăm partenerul cu atenție și empatie. Încercați să înțelegeți perspectiva și nevoile lui și să colaborați împreună pentru a găsi o soluție care să satisfacă ambele părți.

Comunicarea eficientă a dorințelor noastre în cuplu nu este doar despre a ne exprima cerințele, ci și despre a fi deschiși, ascultători și empatici. În acest fel, vom construi o relație puternică și înțelegătoare, în care nevoile și dorințele ambilor parteneri sunt respectate și satisfăcute.

Comunicarea în cuplu este un aspect extrem de important pentru menținerea unei relații sănătoase și armonioase. Aceasta include și comunicarea deschisă a dorințelor și nevoilor noastre. Este esențial să fim sincer și deschiși atunci când vine vorba despre ceea ce ne dorim în relație, astfel încât partenerul să poată înțelege și să răspundă în consecință.

Un mod eficient de a comunica dorințele noastre în cuplu este să folosim "eu" în loc de "tu".

De exemplu, în loc să spui "Tu nu mă asculți niciodată", poți spune "Mă simt neglijat când nu ești atent la ceea ce spun". Astfel, vei articula mai bine ceea ce simți și partenerul tău va putea să înțeleagă mai bine perspectiva ta.

De asemenea, este important să comunici dorințele tale într-un moment potrivit. Evită să abordezi subiecte sensibile în timpul unor conflicte sau situații tensionate. Alege un moment în care amândoi sunteți relaxați și deschiși pentru a discuta despre nevoile voastre.

Un alt aspect important în comunicarea dorințelor în cuplu este să nu presupui că partenerul tău știe automat ceea ce îți dorești. Este necesar să-ți exprimi clar și deschis dorințele și așteptările tale pentru ca partenerul să poată reacționa corespunzător.

O comunicare deschisă a dorințelor noastre în cuplu este esențială pentru menținerea unei relații sănătoase. Folosind un limbaj clar și sincer, alegând momentele potrivite și evitând presupunerile, putem stabili o comunicare eficientă în cuplu și să ne asigurăm că nevoile noastre sunt îndeplinite.

1. Comunicarea deschisă și sinceră: Este important să ne asigurăm că partenerul nostru este conștient de dorințele noastre, așa că trebuie să ne exprimăm gândurile și sentimentele cu sinceritate.
Spre exemplu, putem spune: "Mă simt nesigur în legătură cu relația noastră și mi-ar plăcea să vorbim despre cum putem să ne apropiem mai mult."

2. Ascultarea activă: Odată ce ne-am exprimat dorințele, este esențial să și ascultăm ce are de spus partenerul nostru. Fiecare persoană are nevoi și dorințe diferite, iar ascultarea atentă poate ajuta la întelegerea reciprocă.
Putem încerca să confirmăm întelegerea noastră în felul următor: "Am înțeles că pentru tine este important să petrecem mai mult timp împreună în această perioadă."

3. Negocierea și compromisul: În cuplu, este inevitabil să apară situații în care dorințele partenerilor sunt diferite sau chiar contradictorii. Pentru a ajunge la un consens, este important să fim deschiși la negocieri și să fim dispuși să facem compromisuri.

Dacă, spre exemplu, unul dintre parteneri dorește să meargă la un concert, iar celălalt preferă să stea acasă, se poate ajunge la un compromis prin găsirea unui alt mod de a petrece timp împreună.

4. Respectul reciproc: Orice discuție despre dorințe și nevoi trebuie să se desfășoare într-un mediu de respect reciproc. Este important să ascultăm cu atenție și să nu judecăm sau să criticăm dorințele partenerului nostru. Respectul față de opiniile și sentimentele celuilalt poate îmbunătăți semnificativ comunicarea în cuplu.

5. Reevaluarea constantă: Dorințele noastre pot evolua odată cu trecerea timpului și schimbările din viața noastră. De aceea, este important să reevaluăm în mod regulat comunicarea și să ne asigurăm că suntem sinceri și deschiși în exprimarea dorințelor noastre.

Poate fi util să avem discuții periodice cu partenerul nostru pentru a identifica și aborda orice probleme sau nevoi existente.

VA PROPUN 10 EXERCITII PRACTICE DE APLICAT PENTRU CONSTRUIREA UNEI RELATII DE CUPLU SANATOASA DUPA VINDECAREA EMOTIONALA.

1. Comunicarea deschisă și sinceră: Pentru a construi o relație de cuplu sănătoasă, este important să comunicați în mod deschis și sincer unul cu celălalt. Încercați să discutați despre sentimentele și nevoile voastre fără teama de a fi judecați sau respinși.

Exemplu: În loc să vă închideți emoțiile, spuneți partenerului cum vă simțiți în legătură cu un anumit aspect al relației voastre și încercați să găsiți împreună soluții pentru a vă îmbunătăți comunicarea.

2. Respect reciprocat: Respectul este un element cheie într-o relație sănătoasă. Încercați să vă tratați unul pe celălalt cu respect și să apreciați nevoile și limitele fiecăruia.

Exemplu: Respectați deciziile și alegerile partenerului și evitați să-l criticați sau să-l jigniți în public sau în privat.

3. Încredere și loialitate: Construirea încrederii reciproce este esențială pentru o relație de cuplu sănătoasă. Demonstrați-vă loialitatea și sprijinul unul față de celălalt în orice situație.

Exemplu: Fiți deschiși și sinceri unul cu celălalt și țineți-vă promisiunile pentru a consolida încrederea în relație.

4. Petrecerea timpului de calitate împreună: Este important să vă acordați timpul necesar pentru a vă consolida legătura și a vă reînnoi dragostea unul pentru celălalt.

Exemplu: Organizați seri romantice sau excursii în doi pentru a vă bucura de compania reciprocă și pentru a păstra vie flacăra iubirii.

5. Rezolvarea conflictelor în mod constructiv: Este normal să aveți diverse opinii sau neînțelegeri, dar este esențial să învățați să le gestionați într-un mod constructiv și respectuos.

Exemplu: Ascultați punctele de vedere ale partenerului și încercați să găsiți soluții sau compromisuri pentru a rezolva conflictele fără a recurge la critici sau reproșuri.

6. Susținerea reciprocă în dezvoltarea personală: Sprijiniți-vă unul pe celălalt în atingerea obiectivelor personale și profesionale și încurajați-vă să vă dezvoltați împreună ca indivizi.

Exemplu: Încurajați-vă partenerul să-și urmeze pasiunile și să-și îndeplinească visurile, oferindu-i sprijinul și motivația necesară pentru a reuși .

7. Respectarea spațiului personal: Este important să aveți timp și spațiu de sine pentru a vă regăsi și a vă reîncărca bateriile, fără a simți că sunteți sufocați sau controlați.

Exemplu: Încurajați-vă reciproc să aveți activități sau hobby-uri individuale și să vă acordați timp liber pentru a vă relaxa și a vă conecta cu propria persoană.

8. Recunoașterea și aprecierea reciprocă: Nu uitați să vă arătați recunoștința și aprecierea pentru lucrurile bune pe care le faceți unul pentru celălalt în relație.

Exemplu: Exprimați-vă recunoștința față de partener pentru sprijinul și iubirea pe care vi le oferă în fiecare zi și nu luați aceste gesturi pentru granted.

9. Menținerea unei relații intime și pasionale: Nu lăsați rutina și stresul să afecteze viața sexuală și pasională în cuplu, ci încercați să mențineți flacăra iubirii aprinsă în fiecare zi.

10. Lucrul în echipă pentru un viitor comun: Cu toate că sunteți indivizi diferiți, este important să lucrați împreună în direcția unor obiective comune și să vă susțineți unul pe celălalt în planurile de viitor.

Exemplu: Creați planuri comune pentru viitorul vostru împreună, cum ar fi familie, carieră sau călătorii, și colaborați pentru a vă îndeplini visurile și aspirațiile

.

"O relație de cuplu sănătoasă este construită pe încredere, comunicare deschisă și respect reciproc, dar nu uitați că vindecarea emoțională a fiecărui partener este fundamentul acestei echilibrări."

14

FII VULNERABIL ȘI DESCHIS CU PARTENERUL TĂU.

15

GĂSIȚI MODALITĂȚI DE A VĂ CONECTA ȘI DE A VĂ SPRIJINI RECIPROC ÎN MOMENTELE DIFICILE.

Capitolul 9

Gestionarea provocărilor și conflictelor în relații.

Cum putem gestiona provocările și conflictele care pot apărea după vindecarea rănilor emoționale.

Tehnici și strategii pentru a depăși obstacolele într-o relație sănătoasă.

Provocările și conflictele în relații pot apărea din diverse motive, fie din lipsa comunicării eficiente, diferitele perspective sau neînțelegeri în privința valorilor și nevoilor fiecăruia.

Cum putem gestiona astfel de situații pentru a menține o relație sănătoasă?

1. Comunicare deschisă și sinceră: Este important să vorbim deschis despre ceea ce simțim și gândim. Ascultarea activă a partenerului și exprimarea sentimentelor într-un mod constructiv pot ajuta la evitarea conflictelor.

2. Înțelegerea și respectul reciproc: Fiecare persoană are propriile nevoi, dorințe și așteptări. Este esențial să încercăm să înțelegem perspectiva celuilalt și să fim deschiși la compromisuri pentru a ajunge la un consens.

3. Gestionarea emoțiilor: Este important să fim conștienți de propriile noastre emoții și să învățăm să le gestionăm într-un mod sănătos. Evitarea reacțiilor impulsive sau agresive poate contribui la rezolvarea conflictelor într-un mod constructiv.

4. Rezolvarea conflictelor în mod pașnic: Încercarea de a găsi soluții care să satisfacă nevoile ambelor părți și negocieri oneste pot contribui la depășirea provocărilor în relație.

5. Lucrul în echipă: Este important să ne amintim că suntem parteneri și că lucrăm împreună pentru a construi o relație sănătoasă. Colaborarea și susținerea reciprocă sunt cheia pentru a depăși provocările și conflictele în relație.

Prin aplicarea acestor strategii și abordări pozitive, putem gestiona provocările și conflictelor în relație și să ne bucurăm de o legătură mai puternică și mai sănătoasă cu partenerul nostru.

Relația de cuplu este o provocare în sine, deoarece implică adesea două persoane diferite, cu caracteristici, nevoi și dorințe distincte. Este normal să întâmpini provocări într-o relație, însă este important să înveți să le gestionezi în mod eficient pentru a menține o relație sănătoasă și armonioasă.

Una dintre cele mai importante aspecte în gestionarea provocărilor în relația de cuplu este comunicarea. Este esențial să poți comunica deschis și sincer cu partenerul tău, să îți exprimi nevoile și dorințele, să fii dispus să asculți cu atenție și să reacționezi în mod empatic. Comunicarea sănătoasă poate ajuta la rezolvarea conflictelor și la evitarea escaladării acestora în certuri sau dispute mai mari.

În plus, în relația de cuplu este important să îți cunoști și să îți înțelegi partenerul.

Fiecare persoană are propriile sale experiențe, traume sau temeri care îi influențează comportamentul și reacțiile. Înțelegerea și empatia pot ajuta la diminuarea provocărilor și la construirea unei relații mai puternice și mai solide.

De asemenea, este important să îți impui limite și să îți menții autonomia în relația de cuplu. Este sănătos să ai propriile tale interese, hobby-uri și prieteni, care să te ajute să rămâi o persoană independentă și să nu te simți sufocat în relație. Menținerea echilibrului și a respectului reciproc este esențială pentru o relație sănătoasă și de succes.

În concluzie, gestionarea provocărilor în relația de cuplu necesită timp, răbdare, înțelegere și comunicare deschisă. Este important să fii conștient de propria ta implicare în provocări și să îți asumi responsabilitatea pentru relația ta.

Cu o abordare matură și empatică, poți depăși orice obstacole și construi o relație de cuplu fericită și împlinitoare.
Fiecare persoană are propriile sale experiențe, traume sau temeri care îi influențează comportamentul și reacțiile

Înțelegerea și empatia pot ajuta la diminuarea provocărilor și la construirea unei relații mai puternice și mai solide.

Gestionarea conflictelor în relațiile interpersonale este un aspect crucial pentru menținerea unei comunicări sănătoase și a unei relații echilibrate. Conflictul poate apărea din diferite motive, cum ar fi diferențe de opinie, neînțelegeri, nevoi și dorințe diferite sau lipsa comunicării eficiente.

Pentru a gestiona conflictul în relații, este important să fim deschiși și receptivi la perspectiva celuilalt, să ascultăm cu atenție și să încercăm să înțelegem punctul său de vedere. Este crucial să evităm criticile sau judecățile și să ne concentrăm pe soluționarea problemelor și găsirea unor soluții care să fie satisfăcătoare pentru ambele părți.

Comunicarea este cheia în gestionarea conflictelor. Este important să ne exprimăm clar și respectuos dorințele și nevoile noastre și să fim deschiși la compromisuri și negocieri. Foarte important este să rămânem calmi și să nu lăsăm emoțiile să preia controlul în timpul conflictului.

Este important să recunoaștem că conflictul este natural în relații și că este o oportunitate de creștere și învățare atât pentru noi, cât și pentru partenerul nostru.
Prin gestionarea conflictelor într-un mod pozitiv și constructiv, putem consolida relația noastră și dezvolta o comunicare mai profundă și mai autentică.
Gestionarea conflictelor în relații este un aspect extrem de important pentru menținerea unei relații sănătoase și echilibrate. Aceasta implică abilitatea de a gestiona emoțiile, comunicarea eficientă și rezolvarea problemelor într-un mod constructiv.

Iată câteva strategii eficiente pentru gestionarea conflictelor în relații:

- Comunicarea deschisă și sinceră: Este crucial să poți exprima cu sinceritate sentimentele tale și să asculți atent perspectivele partenerului tău. Comunicarea deschisă și sinceră poate ajuta la evitarea escaladării conflictelor și la găsirea soluțiilor potrivite.

- Ascultarea activă: Este important să fii atent la ceea ce spune partenerul tău și să comunici în mod clar că îl înțelegi. Ascultarea activă poate ajuta la reducerea tensiunii și la crearea unui mediu în care ambele părți se simt validate și respectate.

- Abordarea problemelor, nu a persoanei: În timpul unui conflict, este important să te concentrezi asupra problemelor concrete și nu să ataci sau să judeci persoana cu care ești în conflict. Acest lucru poate contribui la menținerea unei atmosfere mai negative și la escaladarea conflictului.

- Găsirea soluțiilor comune: În loc să încerci să îți impui punctul de vedere, încearcă să găsești soluții care să satisfacă ambele părți. Găsirea unor compromisuri și soluționarea conflictelor în mod colaborativ poate consolida relația și crește încrederea între parteneri.

- Recunoașterea greșelilor și îmbrățișarea schimbării: Este important să îți asumi responsabilitatea pentru propriile acțiuni și să fii deschis să faci schimbări pentru a evita repetarea conflictelor.

Gestionarea conflictelor în relații necesită înțelegere, răbdare și o abordare empatică. Prin comunicare deschisă, ascultare activă și găsirea soluțiilor comune, este posibil să gestionezi conflictele într-un mod constructiv și să menții o relație sănătoasă și armonioasă.

Într-o relație sănătoasă, obstacolele pot apărea în diverse forme și pot avea un impact negativ asupra relației. Pentru a depăși aceste obstacole și a menține o relație sănătoasă, este important să aplicăm diverse strategii.

În primul rând, comunicarea este cheia în depășirea obstacolelor într-o relație. Este important să discutăm deschis și sincer despre problemele sau nevoile noastre, astfel încât partenerul să înțeleagă și să fie dispus să căutăm împreună soluții pentru acestea. Este esențial să ascultăm cu atenție și să prezentăm propriile noastre gânduri și sentimente într-un mod respectuos.

De asemenea, compromisul este esențial în depășirea obstacolelor într-o relație sănătoasă. Este important să ne punem în locul partenerului și să fim dispuși să ne adaptăm și să găsim soluții care să satisfacă ambii parteneri. Nu trebuie să vedem compromisul ca pe un semn de slăbiciune, ci mai degrabă ca pe un act de iubire și respect reciproc.

În plus, stabilirea de limite sănătoase în relație poate ajuta la depășirea obstacolelor. Este important să ne respectăm propria integritate și să ne asigurăm că ne simțim în siguranță și protejați în relație. Nu trebuie să acceptăm comportamente toxice sau abuzive și să fim dispuși să ne apărăm nevoile și drepturile noastre în mod ferm și hotărât.

Ese important să lucram împreună ca echipă și să ne sprijinim reciproc în depășirea obstacolelor într-o relație sănătoasă. În loc să ne confruntăm unul cu celălalt sau să ne blamez reciproc, este mai benefic să lucrăm împreună pentru a găsi soluții constructive și pentru a construi o relație mai puternică și mai sănătoasă.

Este important să avem încredere în partener și să ne concentrăm pe creșterea și dezvoltarea relației noastre într-un mod armonios și echilibrat.

Iata cateva strategii pentru a depăși obstacolele într-o relație sănătoasă :

1. Comunicarea deschisă și sinceră.
O strategie eficientă în depășirea obstacolelor într-o relație sănătoasă este comunicarea deschisă și sinceră. Fiecare partener trebuie să își exprime nevoile, temerile și preocupările pentru a evita tensiunile și conflictele.
De exemplu, dacă un partener simte că nu este suficient de apreciat sau că nu își găsește locul în relație, este important să comunice aceste sentimente pentru a găsi soluții împreună.

2. Rezolvarea conflictelor în mod constructiv.
Orice relație sănătoasă poate întâmpina conflicte, dar este esențial să se abordeze aceste situații în mod constructiv. Pentru a depăși obstacolele, partenerii trebuie să aibă capacitatea de a-și exprima argumentele într-un mod respectuos și să fie deschiși la compromisuri. De exemplu, în loc să devină defensivi și să devină critici, partenerii ar putea să își folosească abilitățile de comunicare pentru a găsi soluții comune.

3. Încredere și sprijin reciproc.

Într-o relație sănătoasă, partenerii ar trebui să se sprijine unul pe celălalt și să aibă încredere reciprocă. Atunci când se confruntă cu obstacole, este important să fie solidari și să își ofere sprijin emoțional și practic.

De exemplu, dacă un partener se confruntă cu dificultăți la locul de muncă sau în familie, celălalt ar trebui să fie acolo pentru a îl asculta, a îl încuraja și a îl susține.

4. Respectarea spațiului și nevoilor individuale.

Într-o relație sănătoasă, este important ca fiecare partener să respecte spațiul și nevoile individuale ale celuilalt. Este posibil ca un partener să aibă nevoie de timp și spațiu pentru sine, iar recunoașterea și respectarea acestor nevoi pot contribui la menținerea unei relații echilibrate.

De exemplu, dacă un partener simte nevoia de a petrece timp singur pentru a se relaxa și a se reîncărca, celălalt ar trebui să fie capabil să înțeleagă și să susțină această decizie.

Depășirea obstacolelor într-o relație sănătoasă necesită o combinație de comunicare eficientă, rezolvare constructivă a conflictelor, încredere reciprocă și respect pentru nevoile individuale.

Prin implementarea acestor strategii, partenerii pot consolida legătura lor și pot depăși cu succes orice obstacole întâmpinate în relație.

Atunci când întâmpini obstacole într-o relație sănătoasă, este important să fii deschis la comunicare și să încerci să găsești soluții împreună cu partenerul tău.

Iată câteva tehnici care te-ar putea ajuta să depășești aceste obstacole:

- Comunicare deschisă și sinceră: Exprimă-ți sentimentele și gândurile în mod clar și calm. Ascultă cu atenție și înțelege-i pe celălalt și ceea ce simte.

- Rezolvarea conflictelor în mod constructiv: Evită critica sau acuzele și concentrează-te pe soluții constructive. Găsiți un compromis sau un teren comun pentru a rezolva problema împreună.

- Respect reciproc: Respectați opiniile și nevoile fiecăruia și fiți deschiși să le înțelegeți și să le acceptați.

- Fiți empatici: Încercați să vă puneți în locul celuilalt și să înțelegeți ceea ce simte sau trece prin el. Empatia poate ajuta la consolidarea conexiunii dintre voi.

- Sprijin reciproc: Fiți acolo unul pentru celălalt în momentele dificile și oferiți un umăr pe care celălalt să se poată sprijini. Împărtășiți grijile și bucuriile voastre și construiți o echipă puternică.

- Creșteți încrederea: Fiți sinceri și deschiși unul cu celălalt și construiți o relație bazată pe încredere și respect reciproc.

- Lucrați împreună pentru a vă îmbunătăți relația.

Fiți dispuși să depuneți efort în a vă îmbunătăți relația și să vă susțineți unul pe celălalt în acest proces.

- Comunicare deschisă și sinceră: Este crucial să vorbiți deschis și sincer cu partenerul despre gândurile, sentimentele și nevoile voastre.

De exemplu, dacă vă simțiți neglijat sau frustrat din cauza unei anumite situații, este important să discutați despre asta în mod calm și onest.

- Empatie și înțelegere reciprocă: Încercați să vă puneți în locul celuilalt și să înțelegeți punctul său de vedere.

De exemplu, dacă partenerul este stresat din cauza muncii sau altor probleme, arătați-i empatie și sprijin.

- Resolvarea conflictelor în mod constructiv: Nu ignorați problemele sau nu le evitați, ci căutați împreună soluții pentru a depăși obstacolele.

Găsiți modalități constructive de a gestiona conflictele, cum ar fi găsirea unui compromis sau lucrul împreună pentru a rezolva problema.

- Respect reciproc: Respectul față de celălalt este esențial într-o relație sănătoasă.

Ascultând cu atenție și fiind atent la nevoile și dorințele partenerului, construiți o bază solidă pentru relație.

- Lucrul în echipă: În loc să vă confruntați unul cu celălalt, lucrați împreună ca echipă pentru a depăși obstacolele și pentru a vă întări relația.

Aveți încredere în celălalt și sprijiniți-vă reciproc în momentele dificile.

Este important să aveți încredere în partener și să lucrați împreună pentru a depăși obstacolele și pentru a consolida relația voastră. O comunicare deschisă, empatie, respect reciproc și lucrul în echipă vă vor ajuta să depășiți orice provocare și să vă bucurați de o relație sănătoasă și armonioasă.

Amintiți-vă că o relație sănătoasă presupune compromisuri, comunicare deschisă și respect reciproc. Depășirea obstacolelor cu încredere și iubire poate ajuta la consolidarea legăturii dintre voi și la construirea unei relații mai puternice și mai fericite.

Pentru a depăși obstacolele într-o relație sănătoasă, este important să comunicăm deschis și sincer cu partenerul nostru. Trebuie să ne exprimăm nevoile, temerile și sentimentele noastre și să ascultăm cu atenție ceea ce are de spus și partenerul nostru.

De asemenea, putem folosi tehnica compromisului pentru a găsi soluții care să satisfacă ambele părți. Este important să ne păstrăm calmul și să avem răbdare în momentele tensionate și să evităm jignirile și reproșurile.

Un alt aspect important este să ne concentrăm pe soluționarea problemei și nu pe găsirea vinovaților.

Este important să colaborăm și să găsim împreună soluții constructive pentru a depăși obstacolele în relația noastră.

De asemenea, terapia de cuplu poate fi o opțiune utilă pentru a depăși obstacolele și pentru a învăța tehnici de comunicare eficientă și soluționare a conflictelor într-un mod sănătos și constructiv.

Va propun 10 exercitii practice pentru a depăși obstacolele într-o relație sănătoasă.

1. Comunicare deschisă și onestă: discutați cu partenerul despre problemele și nevoile voastre și ascultați cu atenție ce are de spus.

De exemplu, puteți spune "Mă simt ignorat când nu îmi răspunzi la mesaje" și să discutați despre moduri în care puteți comunica mai eficient.

2. Respect reciproc: fiți conștienți de nevoile, limitele și dorințele celuilalt și respectați-le.

De exemplu, puteți acorda spațiu și timp partenerului atunci când are nevoie de timp să se relaxeze sau să se concentreze pe altceva.

3. Toleranță și înțelegere: fiecare persoană are propriile obiceiuri, trăsături și moduri de a gândi. Încercați să fiți deschiși și să înțelegeți perspectiva celuilalt.

De exemplu, puteți fi tolerant cu partenerul atunci când are o zi proastă și să îi oferiți sprijin și înțelegere.

4. Rezolvarea conflictelor în mod constructiv: este normal să aveți opinii diferite și să apară conflicte într-o relație. Încercați să rezolvați aceste conflicte într-un mod calm și constructiv, ascultând și respectând punctele de vedere ale celuilalt.
De exemplu, puteți discuta despre problemele voastre și să găsiți împreună soluții pentru a le rezolva.

5. Împărtășirea responsabilităților: implicarea ambelor persoane în treburile casnice și în deciziile importante din relație este importantă pentru menținerea unui echilibru și a unei relații sănătoase.
De exemplu, puteți împărți sarcinile domestice în mod echitabil sau să luați decizii importante împreună.

6. Păstrarea vieții individuale: este important ca fiecare persoană să aibă activități și interese proprii în afara relației. De exemplu, puteți merge la cursuri sau la sală în fiecare săptămână ca să aveți timp pentru voi înșivă și să vă bucurați de hobby-urile voastre.

7. Încurajarea și susținerea reciprocă: fiți unul pentru celălalt o sursă de susținere și încurajare în momentele dificile sau în îndeplinirea obiectivelor personale.
De exemplu, puteți încuraja partenerul să își urmeze visurile sau să îl sprijiniți în momentele de îndoială.

8. Aprecierea și recunoașterea: exprimați în mod regulat recunoștința și aprecierea față de partener pentru ceea ce face și pentru calitățile sale. De exemplu, puteți spune "Îți mulțumesc pentru tot sprijinul și încurajarea pe care mi le oferi în fiecare zi".

9. Timp de calitate împreună: petreceți momente speciale împreună, fără să vă concentrați pe probleme sau pe alte grijile.

De exemplu, puteți merge la o plimbare în parc sau la un film în oraș și să vă bucurați de compania reciprocă.

10. Flexibilitate și adaptabilitate: înțelegeți că relațiile evoluează și schimbările sunt inevitabile. Fiți deschiși la schimbări și la adaptarea la noile circumstanțe.

De exemplu, puteți fi flexibili în privința planurilor voastre și să vă adaptați la situații neprevăzute sau la noi provocări.

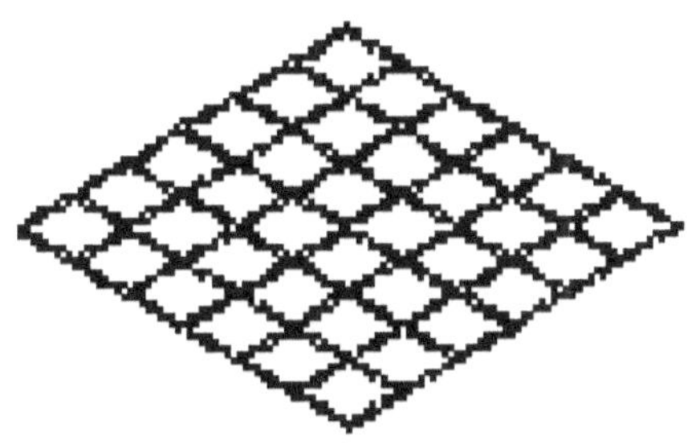

"O relație de cuplu sănătoasă nu este
lipsită de obstacole, ci este construită pe
puterea de a le depăși împreună,
cu încredere, comunicare
și susținere reciprocă."

9. Timp de calitate împreună: petreceți momente speciale împreună, fără să vă concentrați pe probleme sau pe alte grijile.
 De exemplu, puteți merge la o plimbare în parc sau la un film în oraș și să vă bucurați de compania reciprocă.

10. Flexibilitate și adaptabilitate: înțelegeți că relațiile evoluează și schimbările sunt inevitabile. Fiți deschiși la schimbări și la adaptarea la noile circumstanțe.
De exemplu, puteți fi flexibili în privința planurilor voastre și să vă adaptați la situații neprevăzute sau la noi provocări.

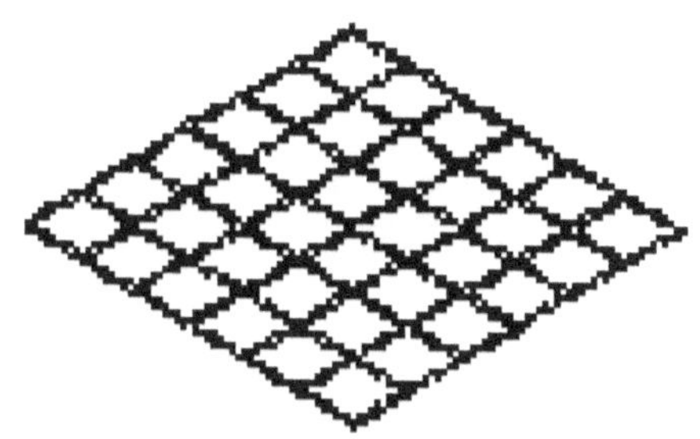

16

GÂNDIȚI-VĂ LA MODURI DE A VĂ CONSOLIDA ȘI DE A VĂ ÎMBUNĂTĂȚI RELAȚIA.

17

ÎNVĂȚAȚI SĂ VĂ EXPRIMAȚI NEVOILE ȘI DORINȚELE ÎNTR-UN MOD CLAR ȘI DIRECT.

Capitolul 10

Întreținerea și menținerea unei relații de cuplu sănătoase.

Cum putem continua să lucram în mod constant în relația noastră de cuplu pentru a menține legătura și intimitatea.

Cum putem împărtăși bucuriile și succesele noastre într-un mod sănătos și susținător.

Pentru a întreține o relație de cuplu sănătoasă, este important să acorzi atenție comunicării deschise și transparente.

Fii sincer și ascultă cu atenție nevoile și dorințele partenerului tău. Este esențial să petreceți timp de calitate împreună și să vă sprijiniți reciproc în tot ceea ce faceți. Nu uita să împărțiți și responsabilitățile și să acordați importanță echilibrului între viața personală și cea profesională. Întreținerea unei comunicări bune și a încrederii reciproce sunt cheia unei relații de cuplu sănătoase și fericite.

O relație de cuplu sănătoasă necesită efort din partea ambilor parteneri pentru a menține comunicarea deschisă, respectul reciproc și susținerea în momentele dificile.

Iată câteva exemple de lucruri pe care le puteți face pentru a întreține o relație sănătoasă:

- Comunicare deschisă și sinceră.

Discutați despre sentimentele voastre, temerile și nevoile, fără teama de a fi judecați. Ascultați cu atenție ceea ce vă spuneti unul altuia și încercați să înțelegeți punctul de vedere al partenerului.

- Respect reciproc.

Respectați opiniile, deciziile și spațiul personal al celuilalt. Evitați jignirile sau criticile care ar putea răni sentimentele partenerului.

- Susținere și încurajare.

Fiți acolo unul pentru celălalt în momentele dificile și încurajați-vă reciproc să vă atingeți obiectivele și visurile.

- Timp de calitate împreună.

Faceți efort să petreceți timp de calitate împreună, să faceți lucruri care vă aduc bucurie și să creați amintiri frumoase.

- Încredere și loialitate.

Construiți o relație solidă pe baza încrederii reciproce și evitați minciunile sau trădările care ar putea afecta relația.

- Responsabilitate și compromis.

Asumați-vă responsabilitatea pentru acțiunile voastre și fiți dispus să faceți compromisuri pentru binele relației.

- Îngrijire și atenție.

Arătați-vă iubirea și aprecierea unul față de celălalt prin gesturi mici de îngrijire și atenție, cum ar fi un compliment sau o surpriză plăcută.

O relație de cuplu sănătoasă necesită atenție și efort constant din partea ambilor parteneri pentru a se menține puternică și fericită.buie să încercați să vă susțineți reciproc, să comunicați deschis și să vă respectați unul pe celălalt pentru a construi o relație bazată pe iubire, încredere și respect.

Menținerea unei relații de cuplu sănătoase implică comunicare deschisă și sinceră, respect reciproc, încredere și fair-play. Este important să acordăm atenție nevoilor și dorințelor partenerului, să fim deschiși la compromisuri și să rezolvăm problemele într-un mod constructiv.

De asemenea, trebuie să ne susținem reciproc să ne ajutăm să creștem și să ne dezvoltăm împreună. Într-o relație sănătoasă, este esențial să ne păstrăm independența și individualitatea, să avem grijă de propria sănătate fizică și mentală și să fim empatici și atenți unul la celălalt
Trebuie să fim empatici și să încercăm să înțelegem nevoile și sentimentele celuilalt.
Trebuie să ne axăm pe construirea unei relații bazate pe încredere și respect reciproc. Respectarea spațiului personal al partenerului și acordarea de libertate sunt aspecte importante într-o relație sănătoasă.

Este esențial să lucrăm împreună ca echipă pentru a depăși obstacolele și a rezolva conflictele într-un mod constructiv. Încurajarea și susținerea partenerului în atingerea obiectivelor lor sunt, de asemenea, elemente-cheie în menținerea unei relații solide.

Întreținerea romantismului și a pasiunii în cuplu este de asemenea importantă. Organizarea unor escapade romantice sau sărbătorirea momentelor speciale împreună pot contribui la menținerea unei atmosfere pozitive în relație.

Exemplu: Să luăm ca exemplu o pereche care își face timp să se întâlnească în mod regulat pentru a discuta despre sentimentele și nevoile lor, găsind modalități să se sprijine reciproc și să-și arate aprecierea reciprocă. Prin comunicare sinceră și susținere, ei reușesc să mențină o relație sănătoasă și fericită..

Iată câteva sfaturi de întreținere a unei relații sănătoase:

* Comunicarea este cheia succesului. Fii deschis și sincer cu partenerul tău și împărtășește-ți gândurile, emoțiile și nevoile. Ascultă cu atenție și oferă sprijin pe cât posibil.

Exemplu: "Dragă, simt că ne petrecem prea puțin timp de calitate împreună. Aș vrea să ne organizăm un weekend romantic pentru a ne reconecta."

* Respectă-nevoile și dorințele partenerului tău. Fiecare persoană are nevoi diferite, iar respectarea acestora este esențială pentru menținerea unei relații sănătoase.

Exemplu: "Știu că îți place să petreci timp cu prietenii, așa că îți voi oferi spațiu pentru a face asta. Tot ce îți cer este să-mi comunici intențiile pentru a ne planifica timpul împreună."

* Încurajează și susține-ți partenerul în visele și obiectivele sale. Fiind un susținător puternic, vei consolida legătura dintre voi și vei crea o bază solidă pentru o relație fericită.

Exemplu: "Sunt mândru de tine pentru că urmărești pasiunea ta și vreau să te ajut să-ți atingi obiectivele. Cum pot să te sprijin mai bine în această călătorie?"

- Investește timpul și resursele în relație. Planifică activități plăcute împreună, petrece timp de calitate și aduce-te la curent cu nevoile partenerului tău.

Exemplu: "Am rezervat un weekend la o cabană la munte pentru a ne relaxa și a ne bucura unul de celălalt. Ce părere ai să planificăm mai multe escapade romantice în viitor?"

Important este să îți amintești că o relație sănătoasă este un parteneriat în care ambii parteneri se susțin reciproc și lucrează împreună pentru fericirea și succesul lor. Reamintește-ți mereu de importanța iubirii, respectului și comunicării în relația ta și vei întreține o legătură puternică și durabilă cu partenerul tău.

Pentru a menține o legătură puternică și o intimitate profundă în relația de cuplu este important să ne dedicăm timp reciproc și să rămânem conectați emoțional și fizic între noi. Comunicarea deschisă și sinceră este cheia întreținerii unei legături puternice, iar ascultarea cu atenție și empatie a partenerului este crucială.

În plus, gesturile mici de afecțiune și apreciere, cum ar fi un sărut pasional sau un compliment sincer, sunt importante pentru menținerea intimității în relație. De asemenea, petrecerea timpului de calitate împreună, făcând activități pe placul ambilor parteneri și creând amintiri frumoase, poate consolida legătura dintre cei doi.

Este esențial să acordăm atenție nevoilor și dorințelor partenerului nostru și să ne străduim să fim prezenți în viața lor, să fim sprijinul și sursa de confort și iubire.

Prin aceste eforturi constante de a menține contactul și de a ne conecta în mod profund unul cu celălalt, putem asigura că legătura noastră în cuplu va continua să fie puternică și profundă.

Intimitatea într-o relație de cuplu este o componentă esențială pentru menținerea unei legături puternice și sănătoase între parteneri. Ea presupune o conexiune emoțională și fizică între cei doi, care îi ajută să se simtă aproape unul de celălalt și să se deschidă reciproc.

Intimitatea emotionala înseamnă să împărtășești gândurile, sentimentele și visele tale cu partenerul tău, să fii sincer și să asculți cu atenție ceea ce spune el. Este important să te simți înțeles și sprijinit de către partener și să oferi același lucru în schimb.

Intimitatea fizică este de asemenea crucială într-o relație, deoarece stimulează producția de oxitocină și endorfine, ceea ce crește legătura și starea de bine a partenerilor. Aceasta poate fi exprimată prin atingeri tandre, sărutări pasionale sau acte de tandrețe și afecțiune.

Păstrarea intimității într-o relație necesită comunicare deschisă, încredere reciprocă și disponibilitate de a face compromisuri. Este important să îți faci timp pentru partenerul tău, să îți arăți recunoștința și să arăți aprecierea pentru el.

Intimitatea într-o relație de cuplu este un ingredient crucial pentru o relație fericită și sănătoasă. Ea aduce partenerii mai aproape unul de celălalt și le oferă suportul, confortul și dragostea de care au nevoie pentru a face față provocărilor vieții și a se bucura de momentele frumoase împreună.

Menținerea legăturii și intimității într-o relație de cuplu este esențială pentru a menține relația sănătoasă și fericită pe termen lung. Există mai multe moduri de a face acest lucru, iar fiecare cuplu poate găsi strategiile care să funcționeze cel mai bine pentru ei.

Un exemplu de menținere a legăturii și intimității într-o relație de cuplu ar fi acel cuplu care își rezervă timp de calitate pentru a petrece împreună. Acest timp poate fi folosit pentru a vorbi despre lucrurile care îi preocupă, pentru a se relaxa sau pentru a face activități pe care le adoră amândoi. De exemplu, un cuplu ar putea să își facă o dată seara pe săptămână în care să meargă la un restaurant preferat sau să vizioneze un film acasă împreună.

Un alt exemplu ar fi acel cuplu care își exprimă deschis sentimentele și nevoile unul față de celălalt. Comunicarea sinceră și deschisă este esențială pentru menținerea unei legături puternice într-o relație de cuplu. Un partener ar putea să spună celuilalt cât de mult îl apreciază sau să îi spună că are nevoie de mai mult sprijin într-o anumită situație.

În plus, un alt mod de a menține intimitatea într-o relație de cuplu ar fi acel cuplu care își arată afecțiunea unul față de celălalt în mod regulat.

Gesturi simple, precum îmbrățișările, sărutările sau mângâierile, pot crea o atmosferă plină de iubire și conexiune între parteneri. Un partener ar putea să își arate iubirea prin gesturi mici, precum a face o cafea dimineața pentru celălalt sau a-i trimite un mesaj dulce în timpul zilei.

Pentru a continua să lucrăm în mod constant în relația noastră de cuplu și pentru a menține legătura și intimitatea, este important să acordăm atenție acestui aspect și să lucrăm în mod activ pentru a îmbunătăți și menține relația. Iată câteva modalități în care putem face acest lucru:

- Comunicarea deschisă și sinceră.Comunicarea este cheia oricărei relații sănătoase. Este important să ne asigurăm că vorbim deschis și sincer unul cu celălalt, să împărtășim sentimentele și gândurile noastre și să ascultăm cu atenție ceea ce celălalt are de spus.

De exemplu, putem organiza seri dedicare comunicării în care să discutăm despre lucrurile care ne preocupă și să facem planuri pentru viitor.

- Petrecerea timpului împreună.Este important să găsim timp pentru a petrece timp împreună și a ne conecta unul cu celălalt.

Putem face activități pe care le iubim împreună, cum ar fi gătitul, mersul la film, călătoriile sau plimbările în aer liber. Este important să avem momente de calitate împreună pentru a menține legătura noastră.

- Gesturi mici de afecțiune.Gesturile mici de afecțiune, cum ar fi mângâierea, sărutul sau mâna, sunt importante pentru menținerea intimității și conectării în relație.

Aceste gesturi demonstrează că ne pasă unul de celălalt și mențin legătura emoțională.

- Sprijin reciproc.Este important să fim acolo unul pentru celălalt în momentele dificile și să ne sprijinim reciproc în atingerea obiectivelor și viselor noastre.

Fiind un suport constant unul pentru celălalt, putem întări legătura noastră și menține intimitatea în relație.

- Surprize și noutăți.Pentru a menține relația proaspătă și interesantă, putem încerca lucruri noi împreună și să ne surprindem reciproc.

De exemplu, putem planifica o escapadă romantică, un curs de dans sau o excursie la un loc nou. Aceste momente de noutate și surpriză pot întări conexiunea noastră și menține intimitatea în relație.

În cuplul nostru, ne străduim să împărtășim bucuriile și succesul nostru într-un mod sănătos și susținător.

Ne susținem reciproc în realizările noastre și ne bucurăm împreună de fiecare reușită.

Ne ascultăm unul pe celălalt, ne încurajăm în momente dificile și căutăm mereu soluții împreună.

Ne sprijinim reciproc în atingerea obiectivelor noastre personale și profesionale, încurajându-ne să ne depășim limitele și să ne dezvoltăm constant.

Ne bucurăm împreună de fiecare reușită și sărbătorim fiecare moment de fericire și împlinire.

Ne simțim norocoși să avem un partener care să ne înțeleagă și să ne susțină în tot ceea ce facem.

În cuplul nostru, împărtășirea bucuriilor și succeselor noastre este esențială pentru menținerea unei relații sănătoase și armonioase. Suntem recunoscători pentru dragostea și sprijinul pe care ni le oferim reciproc în fiecare zi.

Parteneriatul nostru în cuplu este bazat pe împărtășirea bucuriilor și succeselor noastre într-un mod sănătos și susținător. Ne bucurăm împreună de fiecare realizare și ne susținem reciproc în momentele dificile.

De exemplu, când am reușit să obțin o promovare la locul de muncă, partenerul meu mi-a fost alături și m-a felicitat sincer pentru realizarea mea. Acest lucru m-a făcut să mă simt apreciată și susținută, și am simțit că avem o echipă puternică care să facă față oricărei provocări.

La rândul meu, când partenerul meu a câștigat un premiu pentru proiectul său la facultate, am fost primul care l-am felicitat și i-am arătat cât de mândră sunt de el.

Am fost acolo pentru el în acele momente de succes, oferindu-i sprijinul meu necondiționat și bucurându-mă alături de el.

Împărtășirea bucuriilor și realizărilor noastre în cuplu ne-a adus și mai aproape unul de altul, consolidând legătura noastră și făcându-ne să ne simțim susținuți în orice situație. Este important să ne bucurăm împreună de fiecare succesc și să ne susținem reciproc în obiectivele noastre personale, contribuind astfel la creșterea și dezvoltarea relației noastre.

O modalitate sănătoasă și susținătoare de împărtășire a bucuriilor și succeselor în cuplu poate fi prin exprimarea recunoștinței și aprecierii reciproc.
De exemplu, atunci când unul dintre parteneri obține o promovare la locul de muncă, celălalt poate să fie sincer entuziasmat pentru succesul partenerului și să îi exprime în mod sincer cât de mândru este de realizarea sa. Acest fel de comunicare pozitivă și sinceră poate întări legătura dintre cei doi și poate crea un mediu de sprijin și încurajare reciprocă.

De asemenea, este important să sărbătorim împreună momentele mici de bucurie, precum o excursie în natură sau o cină specială, chiar dacă nu sunt evenimente majore. Implicarea ambilor parteneri în organizarea și planificarea acestor evenimente poate contribui la consolidarea relației și la crearea unui spațiu de comunicare deschis și empatic.

În plus, împărtășirea succeselor și bucuriilor în mod sănătos în cuplu presupune și recunoașterea dificultăților și suportul reciproc în momentele de nevoie.

Fie că este vorba despre probleme la locul de muncă sau stres în relație, este important ca cei doi parteneri să fie acolo unul pentru celălalt, să își ofere sprijin și să își arate empatia și înțelegerea.

Impărtășirea bucuriilor și succeselor în cuplu într-un mod sănătos și susținător înseamnă să îți arăți recunoștința și aprecierea reciprocă, să sărbătoriți împreună momentele de fericire și să vă oferiți sprijin în momentele dificile.

Într-o relație sănătoasă, este important să împărtășim bucuriile și succesele noastre cu partenerul într-un mod susținător și empatic. Acest lucru poate crea o legătură puternică și poate întări relația.

De exemplu, dacă una dintre părți obține o promoție la locul de muncă, celălalt partener ar trebui să fie sincer fericit și să își arate susținerea. O felicitare sinceră, un cadou sau o cină specială pot fi moduri minunate de a sărbători împreună această realizare.

De asemenea, când întâmpinăm succesul într-un hobby sau activitate pe care o facem împreună, ar trebui să ne bucurăm împreună de aceste momente. De exemplu, dacă câștigăm un concurs de dans sau terminăm împreună o cursă de alergare, ne putem susține reciproc și să ne bucurăm de această realizare împreună.

Impărtășirea bucuriilor și succeselor noastre într-un mod sănătos în cuplu implică și sprijin reciproc în momentele dificile. Atunci când unul dintre parteneri întâmpină probleme sau eșecuri, celălalt ar trebui să fie acolo pentru a oferi un umăr pe care să plângă și un suport emoțional necesar.

Va propun 10 exercitii practice pentru intreținerea și menținerea unei relații de cuplu sănătoase.

1. Comunicare deschisă și sinceră: Pentru a menține o relație sănătoasă, comunicarea este esențială. Este important să împărtășiți gândurile, sentimentele și nevoile dumneavoastră cu partenerul dumneavoastră.
De exemplu, puteți discuta despre cum vă simțiți în privința anumitor aspecte ale relației și să vă ascultați reciproc fără a judeca sau a critica.

2. Petrecerea timpului împreună: Este crucial să dedicați timp de calitate împreună cu partenerul dumneavoastră pentru a vă conecta și a întări legătura dintre voi. Puteți face activități plăcute împreună, cum ar fi plimbările în natură, gătitul sau vizionarea unui film.

3. Susținere reciprocă: Într-o relație sănătoasă, este important să vă susțineți unul pe altul și să fiți prezenți în momentele dificile.
De exemplu, puteți oferi sprijin emoțional partenerului dumneavoastră în perioade stresante sau să-l încurajați să-și îndeplinească obiectivele și visurile.

4. Respect și încredere: Respectul și încrederea sunt fundamentale într-o relație sănătoasă. Este important să vă respectați reciproc opiniile, nevoile și spațiul personal.
De asemenea, să aveți încredere în partenerul dumneavoastră și să nu puneți la îndoială acțiunile sau intențiile sale fără motive întemeiate.

5. Rezolvarea conflictelor în mod constructiv: Este normal să apară conflicte într-o relație, însă este important să le abordați într-un mod constructiv. Încercați să evitați atacurile personale și să găsiți soluții care să fie benefice pentru amândoi.

De exemplu, puteți stabili reguli clare pentru gestionarea conflictelor și să încercați să ajungeți la un consens prin dialog și negociere.

6. Timpul petrecut împreună - Faceți timp pentru a vă conecta și a vă bucura unul de compania celuilalt.

Exemplu: Organizați o cină romantică acasă sau mergeți împreună la un film sau la o plimbare în parc.

7. Manifestarea afecțiunii și aprecierii reciproce - Nu uitați să vă arătați aprecierea și afecțiunea față de celălalt.

Exemplu: Spuneți "Te iubesc", oferiți un compliment sau un sărut neașteptat pentru a arăta că vă pasă și că îl apreciați pe partenerul vostru.

8. Susținerea reciprocă - Fiți sprijin pentru partenerul vostru în momentele dificile și încurajați-l să-și atingă obiectivele și să-și depășească temerile. Exemplu: Încurajați-vă reciproc să vă urmați pasiunile și să vă susțineți unul pe celălalt în atingerea obiectivelor personale.

9. Păstrarea flacărei romantice - Lucrați în permanență la menținerea dorinței și a pasiunii în relație. Exemplu: Organizați o escapadă de weekend sau o surpriză romantică pentru partener pentru a menține flacăra vie în relația voastră.

10. Susținerea reciprocă: Fiți acolo pentru partenerul dumneavoastră în momentele dificile și încurajați-l să își atingă obiectivele și să își urmeze pasiunile. Oferiți-i sprijin emoțional și motivare pentru a vă asigura că relația dumneavoastră rămâne puternică și sănătoasă

"O relație de cuplu sănătoasă se bazează pe comunicare deschisă, respect reciproc și compromisuri din ambele părți. Este important să ne reamintim constant că fiecare partener are nevoi, dorințe și așteptări care trebuie să fie respectate pentru a menține armonia în relație."

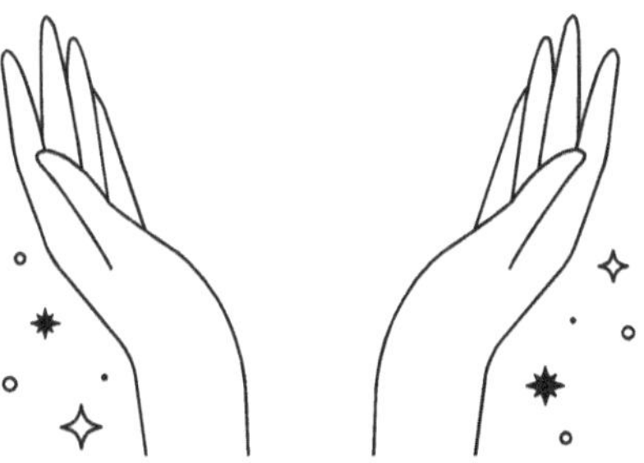

18

GĂSIȚI MODALITĂȚI DE A VĂ LĂRGI PERSPECTIVA ȘI DE A VEDEA SITUAȚIA DIN PUNCTUL DE VEDERE AL PARTENERULUI.

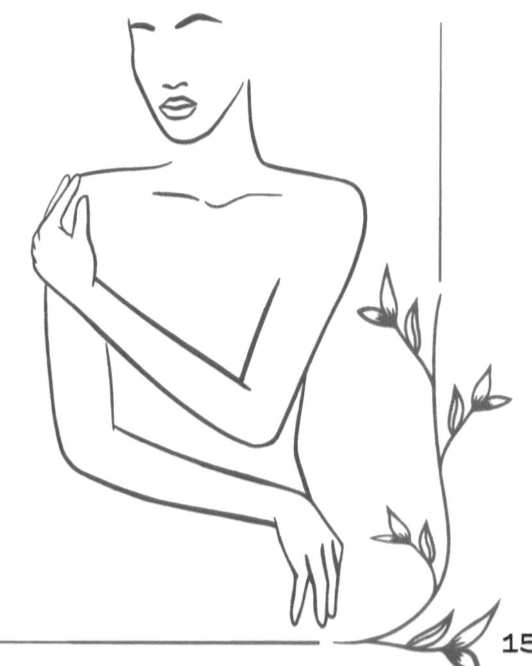

19

PRACTICAȚI RECUNOȘTINȚA ȘI APRECIEREA RECIPROCĂ ÎN RELAȚIE.

Capitolul 11

Împărtășirea învățămintelor și experiențelor noastre.

Cum putem împărtăși cunoștințele și experiențele noastre cu alții pentru a-i ajuta să-și vindece propriile răni emoționale.

Rolul nostru în sprijinirea și încurajarea celor dragi în procesul lor de vindecare.

Împărtășirea învățămintelor și experiențelor noastre in cuplu este vitală pentru construirea unei relații sănătoase și durabile. Comunicarea deschisă și sinceră ne ajută să ne cunoaștem mai bine unul pe celălalt, să ne înțelegem nevoile și dorințele și să găsim soluții pentru eventualele probleme care pot apărea.

Este important să fim deschiși și receptivi la părerile și feedback-ul partenerului/partenerei noastre, să încercăm să ne punem în pielea lor și să îi înțelegem punctul de vedere. Împărtășirea învățămintelor și experiențelor noastre ne permite să construim o relație solidă, bazată pe încredere, respect și iubire reciprocă.

Împărtășirea învățămintelor și experiențelor noastre în cuplu ne poate ajuta să creștem împreună, să ne dezvoltăm ca indivizi și să ne susținem unul pe celălalt în tot ceea ce facem.

Împărtășirea învățămintelor și experiențelor noastre în cuplu este un aspect extrem de important pentru o relație sănătoasă și armonioasă. Atunci când ne deschidem unul față de celălalt și împărtășim ceea ce am învățat din trecutul nostru sau din greșelile noastre, putem construi o relație mai puternică și mai solidă.

De exemplu, să zicem că partenerul meu și cu mine amândoi am avut experiențe dificile în relațiile anterioare. În loc să ascundem aceste lucruri și să le tratăm ca pe niște secrete, am ales să ne deschidem reciproc și să împărtășim ceea ce am învățat din acele experiențe. Am vorbit despre greșelile pe care le-am făcut în trecut și cum putem evita să le repetăm în relația noastră actuală.

De asemenea, învățămintele și experiențele noastre ne pot ajuta să ne înțelegem mai bine unul pe celălalt și să creștem împreună.
De exemplu, dacă unul dintre noi a avut experiențe cu comunicarea dificilă în familie, putem folosi acea experiență pentru a ne îmbunătăți comunicarea în cuplu și pentru a evita conflictul.

Împărtășirea învățămintelor și experiențelor noastre în cuplu ne poate ajuta să construim o bază solidă pentru relația noastră și să ne ajute să creștem împreună atât individual, cât și ca parteneri de cuplu. Este important să fim sinceri și deschiși unul față de celălalt și să folosim ceea ce am învățat pentru a ne consolida relația în loc să o slăbim.

Una dintre cele mai importante aspecte într-o relație de cuplu este comunicarea deschisă și sinceră. Împărtășirea învățămintelor și experiențelor personale este un mod eficient de a consolida legătura cu partenerul și de a construi o relație puternică și sănătoasă.

Prin împărtășirea experiențelor noastre, putem să ne arătăm vulnerabilitatea și să ne dezvăluim adevăratele noastre emoții și gânduri partenerului.
De exemplu, dacă am avut o experiență traumatică în trecut, este important să ne deschidem și să discutăm despre aceasta cu partenerul pentru a ne elibera de povara emoțională și pentru a primi sprijinul și înțelegerea lui.

De asemenea, prin învățămintele pe care le-am dobândit din experiențele noastre, putem să oferim partenerului perspective noi și să îl ajutăm să evolueze și să crească împreună cu noi.
 De exemplu, dacă am învățat din trecutul nostru că respectul reciproc și acceptarea sunt cheia unei relații sănătoase, putem împărtăși această învățătură cu partenerul nostru și să lucrăm împreună pentru a construi o relație bazată pe aceste valori.

În final, împărtășirea învățămintelor și experiențelor noastre în cuplu ne ajută să creăm o legătură mai puternică și mai autentică cu partenerul nostru, să ne îmbunătățim comunicarea și să construim o relație bazată pe încredere, înțelegere și iubire reciprocă.

Este important să fim deschiși și vulnerabili atunci când vorbim despre experiențele noastre emoționale, pentru a crea un mediu sigur și de încredere în care alții să poată împărtăși și ei. Împărtășindu-ne resursele, tehnicile și strategiile pe care le-am folosit pentru a ne vindeca propriile răni emoționale, putem oferi sprijin și inspirație celor care trec prin aceleași dificultăți. De asemenea, putem învăța unul de la celălalt și ne putem susține reciproc în procesul de vindecare emoțională.
Este important să ne amintim că vindecarea rănilor emoționale este un proces individual și personal, iar fiecare are propriul său ritm și modalități de abordare. Însă oferindu-ne unii altora sprijinul și înțelegerea necesară, putem face acest proces mai ușor și mai benefic pentru toți cei implicați.

Cum putem împărtăși cunoștințele și experiențele noastre pentru a ajuta pe alții să-și vindece rănile emoționale?

Un mod eficient de a face acest lucru este prin intermediul coaching-ului sau terapiei. Un coach sau terapeut poate împărtăși cu clienții săi propriile experiențe și învățăminte într-un mod care să-i ajute pe aceștia să-și înțeleagă și să-și gestioneze mai bine emoțiile și traumele. De exemplu, un terapeut care a trecut printr-o perioadă de depresie sau anxietate poate împărtăși cu un client său strategiile și tehniciel pe care le-a folosit pentru a gestiona și depăși aceste stări.

De asemenea, putem împărtăși cunoștințele și experiențele noastre cu prietenii sau membrii familiei care trec prin momente dificile.

O simplă conversație în care împărtășim cu deschidere și empatie ceea ce am experimentat și cum am reușit să depășim acele momente poate fi de mare ajutor pentru cei dragi care se confruntă cu răni emoționale.

În plus, putem scrie despre propriile experiențe și învățăminte într-un jurnal sau pe un blog personal. Astfel, putem ajuta nu doar pe cei din jurul nostru, ci și pe oameni din întreaga lume care se confruntă cu probleme similare. Prin împărtășirea sinceră a cunoștințelor și experiențelor noastre, putem inspira și ajuta pe alții să-și găsească drumul către vindecarea emoțională.

Un mod eficient de a împărtăși cunoștințele și experiențele noastre cu alții pentru a-i ajuta să-și vindece rănile emoționale este prin intermediul unui grup de suport sau a unei comunități online în care oamenii se pot conecta și împărtăși experiențele lor.

De exemplu, dacă am trecut printr-un divorț dificil și am reușit să-mi vindec rănile emoționale și să-mi refac viața, pot să împărtășesc această experiență cu alții care trec prin situații similare. Pot să le ofer sfaturi practice, să le împărtășesc strategiile care mi-au fost de ajutor și să le ofer sprijin emoțional.

De asemenea, pot să organizez întâlniri sau sesiuni de coaching în care să le ofer suport și îndrumare personalizată în funcție de nevoile și situațiile lor specifice.

Prin intermediul acestor întâlniri, oamenii pot să se simtă înțeleși, susținuți și încurajați să își reconstruiască viața și să își vindece rănile emoționale.

În plus, pot să împărtășesc și resurse precum cărți, articole sau videoclipuri care au fost de ajutor pentru mine și care ar putea fi de folos și pentru ceilalți. În acest fel, oferim un cadru în care oamenii pot să învețe, să crească și să se dezvolte împreună.

Prin împărtășirea cunoștințelor și experiențelor noastre într-un mod empatic și deschis, putem să fim instrumente de vindecare și speranță pentru cei care trec prin momente dificile și să le arătăm că nu sunt singuri în lupta lor pentru vindecare emoțională.

Este foarte important să fii acolo pentru cei dragi atunci când trec prin momente dificile și să le oferi sprijinul și încurajarea de care au nevoie pentru a se vindeca.

Poți să îi asculți, să le oferi un umăr pe care să plângă sau să le transmiți mesaje pozitive pentru a le ridica moralul.

Poți să îi încurajezi să meargă la terapie sau să caute ajutor specializat dacă este nevoie.

Fii alături de ei în fiecare pas al drumului și arată-le că îți pasă și că ești acolo pentru ei. Acest sprijin și încurajare din partea ta poate face o diferență imensă în procesul lor de vindecare.

Sprijinirea și încurajarea celor dragi în procesul lor de vindecare poate fi extrem de importantă pentru recuperarea lor.

Iată câteva exemple de moduri în care poți să îi ajuți pe cei dragi să treacă mai ușor peste perioadele dificile:

- Ascultarea activă.

Fiind un sprijin emoțional pentru cei dragi este crucial în procesul lor de vindecare. Ascultarea activă înseamnă să le oferiți atenție atunci când vor să vorbească despre stările lor emoționale și să le arăți că îți pasă cu adevărat de ceea ce simt.

- Oferirea de încurajări și reasigurări.

Încurajarea celor dragi să nu renunțe și să își păstreze speranța poate avea un impact pozitiv asupra procesului lor de vindecare. Oferă-le reasigurări că vor trece peste momentele dificile și că vor fi mai puternici la finalul acestei perioade.

- Fii prezent.

Poate fi extrem de reconfortant pentru cei dragi să știe că au pe cineva la care să apeleze în momentele în care se simt copleșiți sau descurajati. Fiind prezent fizic sau emoțional pentru ei le va demonstra că nu sunt singuri în lupta lor.

- Ajutor practic.

Poate fi dificil pentru cei dragi să se descurce singuri în timpul procesului de vindecare. Oferirea de ajutor practic, cum ar fi pregătirea mâncărurilor sănătoase, făcerea cumpărăturilor sau gestionarea altor responsabilități zilnice, îi va ajuta să își concentreze energia asupra recuperării lor.

- Încurajarea empowerment-ului.

Încurajează-i să își exprime nevoile și dorințele și să ia decizii în ceea ce privește tratamentul și îngrijirea lor. Ajutându-i să se simtă mai în control asupra situației, le vei oferi un sentiment de putere și auto-încredere în propriul lor proces de vindecare.

Nu uita să îți arăți iubirea și compasiunea față de cei dragi în timpul procesului lor de vindecare. Un simplu gest de afecțiune sau un cuvânt bun poate face o diferență imensă în starea lor emoțională și fizică.

Un rol important pe care îl avem în sprijinirea și încurajarea celor dragi în procesul lor de vindecare este acela de a le oferi susținere emoțională și practică. În primul rând, este important să fim acolo pentru ei, să îi ascultăm și să le arătăm că suntem alături în momentele dificile. Putem fi un umăr pe care să plângă, un sfătuitor sau un purtător de speranță în momentele de descurajare.

De asemenea, putem să ne implicăm activ în asigurarea unei atmosfere pozitive și liniștite în jurul lor, să le oferim sprijin în activități zilnice sau să ne asigurăm că au tot ce le este necesar pentru a se recupera în condiții optime. Chiar și cele mai mici gesturi de bunăvoință pot avea un impact mare asupra stării lor de spirit și asupra procesului de vindecare.

Noi putem fi cei care îi încurajează să își valorifice puterea interioară și să lupte pentru vindecare, făcându-le mereu să simtă că nu sunt singuri în această luptă.

Va propun 10 exercitii practice in sprijinirea și încurajarea celor dragi în procesul lor de vindecare.

1. Ascultarea activă: Stai alături de persoana dragă și ascultă cu atenție ceea ce are de spus. Fii prezent și oferă-i sprijin emoțional.

2. Încurajarea pozitivă: Folosește cuvinte încurajatoare pentru a le transmite că îți faci griji și ești alături de ei în procesul de vindecare.
De exemplu, poți spune "Ești pe drumul cel bun, ești puternic/ă și vei reuși să treci peste asta".

3. Oferirea suportului practic: Ajută-le în activitățile zilnice, cum ar fi gătitul, curățenia sau cumpărăturile, pentru a le ușura viața și a le permite să se concentreze pe vindecare.

4. Organizarea timpului liber: Ajută-le să își ocupe timpul cu activități plăcute și relaxante, care să le ajute să se destindă și să își recapete energia.

5. Încurajarea la urmarea tratamentului: Ajută-le să își amintească programul de tratament și să fie consecvenți în urmarea acestuia. Poți oferi să îi însoțești la consultații sau să îi reamintești de medicamentele pe care trebuie să le ia.

6. Crearea unui mediu pozitiv: Asigură-te că mediul în care se află este confortabil, liniștit și plin de energie pozitivă. Poți aduce flori sau lumânări parfumate pentru a crea o atmosferă plăcut

7. Oferea motivare: Ajută-le să își stabilească obiective realiste și să își păstreze speranța într-o recuperare completă. Fii alături de ei în momentele dificile și motivează-i să meargă mai departe.

8. Încurajarea activității fizice: Ajută-le să își mențină un stil de viață activ și să facă mișcare în mod regulat, pentru a-și îmbunătăți starea de sănătate și a accelera procesul de vindecare.

9. Sursa de inspirație: Împărtășește-le povești de succes ale altor persoane care au trecut prin situații similare și au reușit să se vindece complet. Oferindu-le exemple concrete, le vei da speranță și încredere în propria putere de vindecare.

10. Încurajarea la autocunoaștere: Încurajează-i să își exprime emoțiile și să își recunoască nevoile. Fii alături de ei în momentele de vulnerabilitate și oferă-le un umăr pe care să plângă sau un sfat în momente de îndoială.

"Nu există nicio durere pe care un om să nu o
poată împărtăși celuilalt, iar sprijinul și
încurajarea oferite în timpul vindecării pot face
minuni pentru sufletul celui aflat în suferință."
- Albert Schweitzer

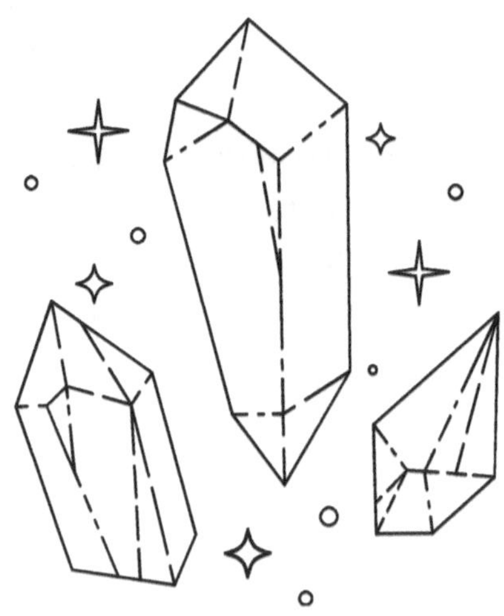

20

GĂSIȚI MODALITĂȚI DE A VĂ RELAXA ȘI DE A VĂ DESTRESA ÎMPREUNĂ.

21

ÎNCURAJEAZĂ PARTENERUL SĂ-ȚI ARATE VULNERABILITATEA ȘI SĂ FIE DESCHIS CU TINE.

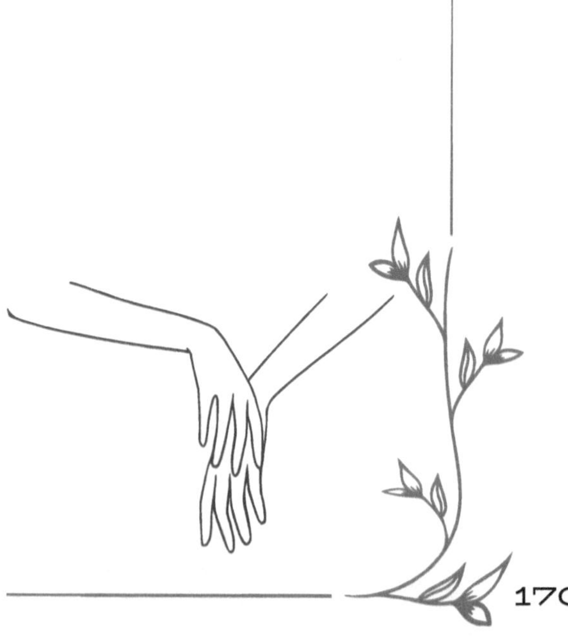

Capitolul 12

Concluzie și învățăminte finale privind vindecarea ranilor emotionale in relaia de cuplu.

Recapitularea principalelor concepte și învățăminte din cartea noastră, vindecarea ranilor emotionale in relaia de cuplu.

Sfaturi și sugestii pentru a continua să lucrăm în mod constant la vindecarea și întreținerea relației de cuplu sănătoase.

Vindecarea ranilor emotionale în relația de cuplu este un proces complex și nu se întâmplă peste noapte. Este important să avem răbdare și să fim deschiși la comunicare și compromis în timpul acestui proces. Iată câteva învățăminte cheie:

- Comunicarea sinceră și deschisă este esențială pentru vindecarea ranilor emoționale. Este important să ne exprimăm nevoile și dorințele cu sinceritate și să ascultăm cu atenție partenerul pentru a întelege și rezolva problemele existente.

- Învățarea iertării este crucială în procesul de vindecare a ranilor emoționale. Iertarea nu înseamnă uitarea sau ignorarea, ci este o alegere conștientă de a elibera resentimentele și de a merge mai departe în relație.

- Autocunoașterea și autocorecția sunt importante pentru evitarea repetării modelelor toxice din trecut. Identificarea și conștientizarea propriilor traume și vulnerabilități ne pot ajuta să avem relații mai sănătoase în viitor.

- Vremea și răbdarea sunt necesare pentru vindecarea ranilor emoționale în relația de cuplu. Procesul de vindecare poate dura luni sau chiar ani și este important să ne acordăm timpul necesar pentru a ne reconstrui încrederea și conexiunea în cuplu.

Este esențial să lucrăm împreună cu partenerul nostru pentru a vindeca rănile emoționale și pentru a construi o relație sănătoasă și fericită. Este important să ne acordăm sprijin reciproc, să fim deschiși la schimbare și să investim timp și efort în relația noastră pentru a ne asigura că rănile emoționale nu ne vor împiedica să avem o relație fericită și împlinitoare.

În concluzie, vindecarea ranilor emotionale într-o relație de cuplu necesită timp, răbdare și comunicare deschisă între parteneri. Este important să ne confruntăm cu trecutul și să lucrăm împreună pentru a depăși traumele și blocajele emoționale care ne afectează relația.

Învățăm că este esențial să avem încredere unul în celălalt, să fim empatici și să oferim sprijin reciproc în timpul procesului de vindecare. De asemenea, este important să ne asumăm responsabilitatea pentru comportamentele noastre și să lucrăm activ pentru a ne ameliora și a ne dezvolta în mod personal.

Exemple de vindecare a ranilor emoționale într-o relație de cuplu pot include terapie de cuplu, meditație, exerciții de comunicare sau chiar participarea la workshop-uri și seminarii de dezvoltare personală. Este esențial să fim deschiși și să ne implicăm sincer în procesul de vindecare, pentru a putea construi o relație sănătoasă și fericită în care amândoi ne simțim în siguranță și iubiți.

Aceasta carte se axează pe importanța vindecării ranilor emoționale în relația de cuplu pentru a asigura o legătură sănătoasă și fericită pe termen lung. Am subliniat faptul că fiecare partener aduce cu el bagajul său emoțional din trecut și că este crucial să recunoaștem și să lucrăm la vindecarea acestor răni pentru a nu le proiecta în relația de cuplu.

Am discutat despre impactul depășirii ranilor emoționale în relație, cum ar fi lipsa de încredere, comunicarea defectuoasă și comportamentele autodistructive. Am subliniat că este important să lucrăm împreună pentru a identifica și a vindeca aceste răni, fie prin terapie, consiliere sau alte metode de introspecție și vindecare.

De asemenea, am discutat despre importanța comunicării deschise și sincere în cadrul relației de cuplu, precum și despre necesitatea de a fi vulnerabil și transparent cu partenerul. Am subliniat că numai prin comunicarea autentică și sinceră putem construi și menține o conexiune profundă și sănătoasă.

Am concluzionat că vindecarea rănilor emoționale în relația de cuplu necesită timp, răbdare și angajament din partea ambilor parteneri. Este un proces continuu și în curs de desfășurare care necesită autocunoaștere, empatie și iubire necondiționată. Prin această vindecare, putem construi o relație puternică, împlinitoare și fericită pe termen lung.

Cartea "Vindecarea rănilor emoționale în relația de cuplu" reprezintă o resursă valoroasă pentru cei care își doresc să își îmbunătățească și să își consolideze relația de cuplu. Principalele concepte și învățăminte pe care le-am dezvoltat în această carte sunt legate de recunoașterea și gestionarea emoțiilor în relație, comunicarea eficientă, încrederea reciproca și acceptarea reciprocă.

Am subliniat importanța conștientizării rănilor emoționale din trecut și a modului în care acestea afectează relația de cuplu, precum și modalitățile în care aceste răni pot fi vindecate. În plus, am pus un accent deosebit pe dezvoltarea empatiei, a respectului și a responsabilității reciproce în relație.

De asemenea, am abordat subiectul compromisului și al gestionării conflictelor în cuplu, oferind strategii practice pentru abordarea acestor situații dificile. Am evidențiat importanța acceptării și iertării reciproce în procesul de vindecare a rănilor emoționale și de construire a unei relații sănătoase și echilibrate.

Doresc ca cititorii să aibă în vedere că relația de cuplu este un proces continuu de creștere și evoluție și că învățarea să fie deschiși, sa crească împreună și să se sprijine reciproc în acest proces. Vindecarea rănilor emoționale în relația de cuplu este un proces care necesită timp, răbdare și efort, dar care poate aduce schimbări pozitive și transformătoare în viețile noastre.

Sfaturi și sugestii pentru a continua să lucrăm în mod constant la vindecarea și întreținerea relației de cuplu sănătoase.

1. Comunicare deschisă și sinceră: Încercați să comunicați cu partenerul/partenera voastră în mod deschis și sincer, punând în discuție emoțiile, gândurile și nevoile voastre.
De exemplu, puteți spune partenerului/partenerei dvs. despre cum vă simțiți într-un anumit moment sau despre ceea ce vă deranjează în relație.

2. Înțelegere și empatie reciprocă: Fiți deschiși și înțelegători cu partenerul/partenera voastră, încercând să vedeți lucrurile din perspectiva celuilalt și arătând empatie în momentele dificile.
De exemplu, puteți fi empatici când partenerul/partenera dvs. are o zi proastă și încercați să le oferiți suport și încurajare.

3. Timp de calitate împreună: Faceți eforturi să petreceți timp de calitate împreună, în afara rutinei zilnice, pentru a vă consolida relația și a vă reconecta unul cu celălalt.

 De exemplu, puteți organiza o cină romantică sau o excursie în natură pentru a vă bucura de compania reciprocă.

4. Atitudine pozitivă și recunoștință: Încurajați o atitudine pozitivă în relație și exprimați recunoștință pentru lucrurile frumoase și pozitive dintre voi.

De exemplu, puteți mulțumi partenerului/partenerii dvs. pentru sprijinul lor sau pentru momentele de fericire pe care le petreceți împreună.

5. Consiliere și terapie de cuplu: În cazul în care întâmpinați dificultăți mai profunde în relație, puteți considera participarea la ședințe de consiliere sau terapie de cuplu pentru a înțelege și a rezolva conflictele sau problemele care apar între voi.

6. Grijă de sine și respect reciproc. Într-o relație sănătoasă, este important să aveți grijă de propria sănătate și fericire, dar și să sprijiniți partenerul în a face același lucru. Aceasta poate însemna acordarea de spațiu și timp personal, încurajarea de a urmări interese și pasiuni proprii și sprijinul reciproc în dezvoltarea personală.

De exemplu, puteți face planuri împreună sau individual pentru a vă menține sănătatea fizică și mentală.

7. Sărbătorirea succeselor și realizărilor. Este important să vă amintiți să apreciați și să sărbătoriți reușitele partnerului și ale voastre împreună. Acest lucru vă va întări conexiunea și vă va face să vă simțiți mai aproape unul de celălalt.
De exemplu, puteți organiza o cină specială sau o excursie în aer liber pentru a sărbători o realizare importantă în viața voastră.

8. Întreținerea intimității și pasiunii. Nu uitați să mențineți intimitatea și pasiunea în relație prin gesturi mici și sentimente de afecțiune, să împărtășiți momente intime și să vă exprimați dragostea unul pentru celălalt.
De exemplu, puteți face surprize romantice, să aveți discuții intime și să petreceți timp de calitate împreună.

În concluzie, pentru a menține o relație de cuplu sănătoasă, este important să aveți grijă de comunicare, respect reciproc, sărbătorirea succeselor și întreținerea intimității și pasiunii. Prin urmarea acestor sfaturi și sugestii și implementarea lor în viața de zi cu zi, veți continua să construiți și să mențineți o relație fericită și sănătoasă cu partenerul vostru.

Mariana C.

22

GĂSIȚI MODALITĂȚI
DE A VĂ BUCURA DE
MOMENTELE
SIMPLE ȘI
COTIDIENE
ÎMPREUNĂ.

23

ÎNVĂȚAȚI SĂ VĂ VINDECAȚI RĂNILE EMOȚIONALE DIN TRECUT CARE VĂ POT AFECTA RELAȚIA.

"*Atunci când îți înțelegi propriile răni emoționale și le vindeci, poți să construiești o relație de cuplu sănătoasă și fericită.*"
- Louise Hay

"Când partenerii își oferă suport și compasiune reciprocă în procesul de vindecare a rănilor emoționale, relația lor devine mai puternică și mai profundă."

"În relațiile de cuplu, vindecarea rănilor emoționale poate fi un proces lung și dificil, dar merită efortul pentru a construi o legătură puternică și autentică."

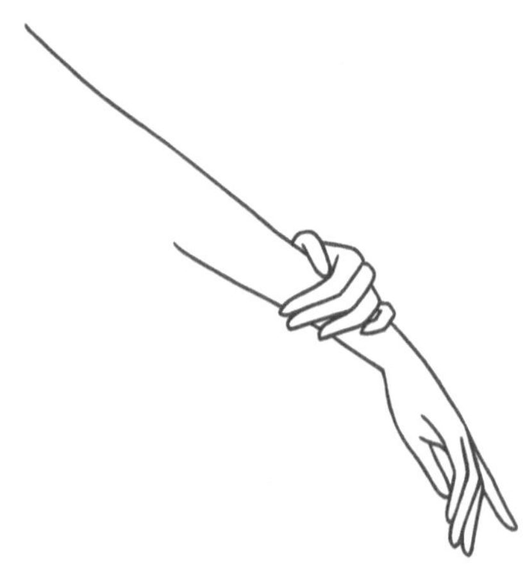

"*Atunci când suntem vulnerabili și ne deschidem cu adevărat în fața partenerului nostru, putem începe să vindecăm rănile emoționale și să ne construim o relație de cuplu sănătoasă și autentică.*"

Cartea "Vindecarea rănilor emoționale în relații" scrisă de Mariana C. este o resursă valoroasă pentru oricine se confruntă cu dificultăți în relațiile lor personale. Autorul aduce în prim plan subiecte sensibile precum traumele din trecut, conflictele nerezolvate și stresul emoțional care afectează comunicarea și conexiunea în relațiile interpersonale.

Mariana C. oferă cititorilor instrumente practice și strategii eficiente pentru a depăși rănile emoționale și a construi relații sănătoase și echilibrate. Folosind studii de caz, exerciții de autocunoaștere și sfaturi practice, cartea îi îndrumă pe cititori să exploreze și să înțeleagă rădăcinile problemei lor și să găsească modalități de a vindeca și de a crește în cadrul relațiilor lor.

"Vindecarea rănilor emoționale în relații" este o lectură indispensabilă pentru oricine își dorește să-și îmbunătățească abilitățile de comunicare, să-și dezvolte empatia și să-și îmbunătățească relațiile interpersonale. Cu un ton sincer și îmbărbătător, Mariana C. oferă cititorilor o perspectivă nouă și inspirație pentru a-și vindeca rănile emoționale și a-și construi relații mai profunde și mai autentice

Mariana C.

Dragi cititori,

Vă mulțumesc din suflet pentru timpul și atenția pe care le-ați acordat cărților mele. Este o mare bucurie să știu că ceea ce scriu vă aduce bucurie, inspirație sau un moment de reflecție.

Fără sprijinul și aprecierea voastră, munca mea nu ar avea aceeași valoare. Vă sunt recunoscătoare pentru fiecare recenzie, fiecare comentariu și fiecare cuvânt de încurajare pe care mi le-ați dedicat.
Cu recunoștință,

Mariana C.

www.ingramcontent.com/pod-product-compliance
Lightning Source LLC
Chambersburg PA
CBHW021443150726
47989CB00001B/375